I0089376

d° L7K
3.1.81.4

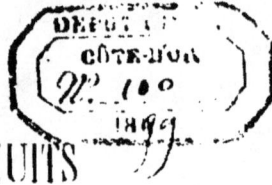

NUYS, NUIS, NUIZ, NUITS

NUITS-SAINT-GEORGES

SON HISTOIRE DANS LES TEMPS
ET
SON PATOIS

PAR

L'Abbé Philippe GARNIER

PRÊTRE DU DIOCÈSE DE DIJON

ANCIEN MEMBRE DE LA SOCIÉTÉ D'ARCHÉOLOGIE DE LA VILLE DE BEAUNE.

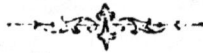

DIJON

IMPRIMERIE JOBARD

Place Darcy, 9.

DÉPÔT
CÔTE-D'OR
N° 100
1899

L¼
31814

DÉPÔT LÉT
CÔTE-D'OR
N° 100
1899

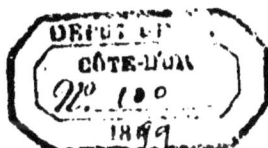

NUYS, NUIS, NUIZ, NUITS

NUITS-SAINT-GEORGES

SON HISTOIRE DANS LES TEMPS

ET

SON PATOIS

PAR

L'Abbé Philippe GARNIER

PRÊTRE DU DIOCÈSE DE DIJON

ANCIEN MEMBRE DE LA SOCIÉTÉ D'ARCHÉOLOGIE DE LA VILLE DE BEAUNE.

DIJON

IMPRIMERIE JOBARD

Place Darcy, 9.

Lbc
31814

NUYS, NUIS, NUIZ, NUITS

NUITS-SAINT-GEORGES

SON HISTOIRE DANS LES TEMPS

ET

SON PATOIS

PAR

L'Abbé Philippe GARNIER

PRÊTRE DU DIOCÈSE DE DIJON

ANCIEN MEMBRE DE LA SOCIÉTÉ D'ARCHÉOLOGIE DE LA VILLE DE BEAUNE.

DIJON

IMPRIMERIE JOBARD

Place Darcy, 9.

NUYS, NUIS, NUIZ, NUITS

NUITS-SAINT-GEORGES

SON HISTOIRE DANS LES TEMPS
ET SON PATOIS

AVANT L'HOMME

Avant Adam, les eaux couvrent toute la terre, et pour ce motif l'homme ne peut exister. Les graviers qui constituent le sous-sol d'une grande étendue de nos terres, en plaine, les poissons pétrifiés et les coquillages marins qu'on trouve au sommet de nos montagnes ou sur leurs flancs sont une preuve de cet état primitif du globe. Cet état cesse enfin, car vient un temps où les feux souterrains soulèvent les montagnes et où celles-ci, prenant la place qu'occupait une partie des eaux, obligent ces eaux refoulées à se retirer et à former les mers. Cette époque est celle du soulèvement des cavernes, et nous lui devons probablement la *Cave des Trous* appelés tour à tour *Lizer*, *Liger*, *Léger*, du nom, dit-on, d'un pauvre en ayant fait sa demeure.

DEPUIS ADAM

Mais les eaux se retirent lentement et longtemps encore elles battent le pied des montagnes, couvrent les vallons et les plaines, et l'homme ne peut habiter que sur les lieux élevés. C'est à cette époque que le Musai. (les cartes géographiques modernes écrivent ce nom *Meuzin*) dépose une forte couche de terre crayeuse sur la

Fin-Blanche et sur une grande partie des terres qui longent sa rive droite. On peut voir, aux vallons de la Serrée et de la Cascade, ainsi qu'aux Trous-Léger, à quelle hauteur s'élevaient alors les eaux, puisque les lignes creusées qu'on y remarque sur certains rochers ne sont que l'effet de leur battement.

SOUS LES GAULOIS ET LES DRUIDES

Environ 1500 ans avant l'ère chrétienne, les hommes émigrent des pays de l'Orient où ils sont nés et devenus trop nombreux, vers l'Occident encore inhabité. C'est alors que les Ibères et après eux les Gaulois peuplent nos régions ; les Ibères, d'abord, qui repoussés par les Gaulois, vont s'établir sur les terres de l'Espagne (l'ancienne Ibérie) et laissent néanmoins sur les nôtres quelques-uns des leurs qui deviendront les créateurs des villages portant leur nom dans celui d'Ivry ; puis les Gaulois (*Galli*) que vaincront, à leur tour, les Romains. Le temps que vécurent sur nos terres les Gaulois est appelé, dans l'histoire, *époque Gauloise* et *Druidique* ; *gauloise*, du nom même des Gaulois, et *druidique*, du nom des druides, leurs prêtres. On sait combien furent nombreux et guerriers les Gaulois, domptant les vieux Romains dans leur capitale même et menaçant de les anéantir, jusqu'aux jours où ceux-ci, plus initiés qu'eux à l'art de la guerre, les soumirent à leur domination. Les druides, leurs prêtres, enseignaient la religion et les lettres, rendaient la justice et avaient une grande part dans la direction des choses de la nation. Ils disparurent peu à peu depuis la conquête romaine, et plusieurs d'entre eux se firent prêtres de la religion chrétienne, victorieuse de la leur.

Les Gaulois avaient aussi leurs prêtresses qu'ils appelaient *druidesses*. Presque toujours les druidesses se vouaient à une virginité perpétuelle ; elles assistaient parfois à des sacrifices humains nocturnes, le corps teint de noir, les cheveux en désordre, et parfois même c'étaient elles qui exécutaient les condamnés à mort. Le pouvoir des druidesses dura plus longtemps que celui des druides ; on les voit encore, sous les rois de la deuxième race, exercer un grand empire sur les Gaulois et sur les Francs ; le peuple les croyait immortelles et initiées à tous les secrets de la nature. Leur mémoire a longtemps subsisté sous le nom des *Fées*, et la frayeur qu'elles inspiraient, il y a peu de temps encore, était telle que nos aïeules n'eussent jamais voulu traverser, pendant la nuit, le *Pâquier*, sous les noyers duquel les fées tenaient, disait-on, leurs sabbats.

« Le palais central des fées nuitonnes était aux Trous-Léger; c'est là qu'elles recevaient les visites de l'enchanteur Renaud qui, depuis près de mille ans, demeurait sur le grépissot de Concœur et dont le château de rochers, encore apparent, regarde morne et muet cette opulente campagne qui verdoie à ses pieds. Dans la nuit du sabbat, les géants du Roi de Villars (montagne élevée), l'enchanteur Renaud, les magiciens errants de la vallée et le diable arrivaient à cheval aux Trous-Léger. Là, dans la grande chaudière de ces trous, Lucifer préparait le menu du festin. A peine le dernier coup de minuit avait fini de tinter, au beffroi de la ville, que toute la troupe se mettait en marche. C'était d'abord un immense char que traînaient douze chevaux noirs ailés, soufflant des flammes par leurs narines; ce char contenait le diable, l'enchanteur Renaud et les deux princes des géants. Puis venaient deux carrosses, attelés chacun de six coursiers blancs, également ailés, où étaient les fées richement vêtues de robes d'argent, ayant des étoiles dans leurs cheveux blonds et tenant en leurs mains une baguette dorée. Puis encore on · ·ait une foule de magiciens cavalcadant autour des carrosse plus agiles et presque aussi bizarrement vêtus que les écuyers cavalcadours de l'ex-roi Charles X; enfin la troupe joyeuse, babillarde, des laquais armés de torches ardentes, galopant et portant des bahuts qui renfermaient les rôts, les friandises et les liqueurs. Quelques instants avant que les puissances surnaturelles eussent quitté les Trous-Léger, des valets aux longues tuniques bariolées, coiffés de bonnets pointus, étaient occupés à dresser une grande table au Pâquier et à la couvrir d'une éclatante vaisselle.

Sept secondes suffisaient pour que le cortège eût franchi la distance qui sépare les Trous-Léger de cette île, alors couverte d'énormes noyers, qu'on nommait le Pâquier et qui a perdu aujourd'hui sa destination primitive. Alors, tandis que les laquais plaçaient les mets sur la table, toute la troupe se formait en chœur et se livrait à des hurlements qui retentissaient jusque dans les caves du château de Vergy; tous les arbres s'illuminaient; d'immenses potsau-feu brillaient sur les cimes des montagnes environnantes ; de frais et joufflus chanteurs, des joueurs de flûte, de violon, de théorbe, de mandoline et de bombarde se nichaient dans la tête bruissante des noyers et, avec le concert, la première danse commençait. Mais bientôt Lucifer poussait un cri suprême : c'était le signal du repos et chacun s'asseyait au banquet. » Nous devons cette légende au chevalier Joseph Bard qui nous l'a donnée telle qu'il l'avait reçue d'une vieille vigneronne au service de sa famille.

Or, cette légende des Trous-Léger et du Pâquier ne doit pas être une pure invention poétique, n'ayant aucun fait pour base ; nous la prenons même pour l'histoire à peu près vraie des fêtes que se donnaient, sur nos terres, les druides, les druidesses, les vieux Gaulois et plus tard leurs descendants. Ce qui fait que plusieurs rejettent cette légende, c'est que le diable et les fées y figurent. Mais, ici, le diable ou Lucifer n'est qu'un individu vêtu à la diable, et quant aux fées, nous rappelons que leur nom fut le dernier que le peuple donna aux druidesses et surtout à leurs descendantes et que celles-ci étaient loin d'être des esprits ou puissances surnaturelles. Les robes d'argent des fées, les étoiles qui brillaient dans leurs cheveux, la baguette dorée qu'elles portent dans leurs mains n'étaient qu'un costume de fête, et n'est-ce pas une fête qu'indiquent les accoutrements des magiciens, les torches ardentes, les longues tuniques bariolées et les bonnets pointus des valets, les instruments de musique, les danses, les banquets de la légende ?

Le lieu que nous appelons les *Acacias* ou la *Pierre qui vire* et qui se trouve au-dessus de la rue de Chaux, à mi-côte de la montagne, est la preuve, semble-t-il, que les druides vécurent sur nos terres. La *Pierre qui vire*, mais qui ne virait guère que dans l'imagination des foules, devait être une pierre sacrée sur laquelle, croit-on, les druides rendaient la haute justice et prononçaient des sentences sans appel.

Les druides et leurs prêtresses aimaient habiter les forêts et les montagnes rocheuses et, pour ce motif, on peut croire que l'Islette, les Trous-Léger et le vallon de la Serrée durent servir à leurs fêtes, et que les danses qui eurent lieu longtemps à l'Islette et aux Trous-Léger ne furent que la suite de celles auxquels s'y livraient les druides et leurs prêtresses. On peut croire aussi que l'ermitage et son église Saint-Pierre ne furent élevés que pour aider à détruire des restes de la religion druidique. Que les Trous-Léger notamment restèrent longtemps un lieu de désordre, nous en avons la preuve dans la mort qu'y subit par le feu, en 1171, Jehanne la Bavarde et dans l'expulsion du territoire de Nuits infligée, à la même époque, à Jehanne Moingeon : toutes deux condamnées comme *ramassières* et *hérétiques* (Archives de Dijon). Les *ramassières*, armées d'un balai, s'acharnaient à ameuter les foules contre l'autorité. Sur le lieu du supplice de Jehanne la Bavarde on voit encore un petit trou taillé dans une pierre ; on peut supposer qu'une croix de bois y fut plantée en souvenir de sa mort et pour inviter à prier pour elle ; cet usage de planter dans une pierre les croix mortuaires est encore suivi.

SOUS LES ROMAINS

Les Romains envahirent la Gaule vers l'an 50 avant Jésus-Christ. Le Bolard, ainsi nommé du nom d'un propriétaire qui y vécut à une époque dont on n'a plus souvenir (1) et dans les champs duquel on a trouvé une grande quantité d'objets de l'époque gallo-romaine, fut, sans nul doute, habité simultanément ou tour à tour par les Gaulois et les Romains, et puisqu'on a recueilli au lieu dit *les Charmois* bon nombre d'objets identiques, on doit croire que quelques Romains au moins y fixèrent aussi leurs demeures. Le Bolard n'a jamais été une ville ; ce ne fut qu'une villa ou métairie plus ou moins étendue ; on a supposé que les Romains l'appelaient *Nudibia* ; cela peut être : mais on a fait erreur quand on l'a confondu avec *Vidubia* qui se trouvait, croit-on, sur le territoire de Villy-le-Moutier, à la jonction de deux voies romaines, d'où son nom : *Vidubia*, deux voies.

Les habitants du Bolard enterraient leurs morts au lieu que nous appelons *Chaudot*.

Ce fut sous les Romains que le christianisme se répandit sur nos terres, et comme notre pays touche de près Dijon, lieu du martyre

(1) Un nommé Bolard était, il y a peu d'années, membre de la Chambre des Députés.

de saint Bénigne, on doit supposer qu'il fut un des premiers de nos contrées à recevoir la foi chrétienne.

Les Romains nous apportèrent la vigne, comme les Phocéens qui fondèrent Marseille nous avaient apporté le noyer.

SOUS LES BURGONDES (BOURGUIGNONS)

Au troisième siècle de l'ère chrétienne, les Burgondes, venant de l'extrémité nord-est de la Germanie (de la Prusse nord-est actuelle), commencent à faire des excursions sur nos terres ; au cinquième siècle, ils les envahissent et y fondent un royaume qui finit plus tard par un duché. Sous leurs ducs, en 1060, Nuys est nommé, pour la première fois, dans la donation faite par Humbert, seigneur de Vergy, de son église Saint-Julien de *Nui* à l'abbaye de Flavigny.

On a dit que le nom de Nuys dérivait du latin *nux, nucis*, noix, de la noix, parce que, dès longtemps, le noyer abondait sur nos terres. Mais cette étymologie est absolument inadmissible, parce que le *x* ou le *c* qui se trouvent dans *nux, nucis*, n'ont jamais figuré dans les orthographes diverses du mot *Nui, Nuis, Nuiz, Nuits* et qu'il n'existe à Nuits qu'un seul finage, celui des *Noueraux*, qui doive son nom, comme les *Norrois* d'ailleurs, aux noyers qui le couvraient jadis.

Nous avons amplement démontré, dans nos *Essais sur les étymologies des noms des villes et des villages de la Côte-d'Or*, que le nom de Nuys est un nom d'homme, celui du créateur de l'Abergement dit : *de Nuys*, dérivé du nom de Nuys, aujourd'hui Neuss, du diocèse de Cologne (Prusse), et que nous regardons comme l'ancienne capitale des Nuitons, associés aux Burgondes pour la conquête de nos contrées. Nous avons dit aussi, dans nos *Essais*, combien sont nombreuses encore les familles qui portent le nom de Nuys et que jamais un abergement n'avait pris un nom différent de celui de son premier propriétaire, ni un nom de pays quelconque.

Les Bourguignons ont laissé dans notre patois un grand nombre de mots de leur langue. Le dernier écrit en langue bourguignonne est la traduction en cette langue de la Bulle de Pie IX, proclamant le dogme de l'Immaculée Conception de la Mère du Christ, traduction qui fut offerte, imprimée et reliée avec luxe, au grand Pape, par le diocèse de Dijon.

HISTOIRE DE NUYS, BASÉE SUR DES ÉCRITS

L'histoire de Nuys connue par des écrits commence au onzième siècle, en 1060, ainsi que nous venons de le dire. Alors Nuys a son église Saint-Julien, appartenant aux seigneurs de Vergy, et cette église assurément donne à Nuys une plus haute antiquité. Nuys se construit, à son origine, en deux parties distinctes dont l'une est dite : *Nuys-à-Mont* et l'autre *Nuys-à-Val*, et vainement, jusqu'à nos jours, a-t-on essayé de confondre en un seul les deux caractères des habitants de ces deux sections. Nuys-à-Mont s'établit le long du cours du Muzin, au pied de l'ermitage et sur la Fin-Blanche, et ses maisons, bâties sur des propriétés privées, sont, tout d'abord et longtemps encore, basses et de nulle apparence. Il existe encore aujourd'hui quelques-unes de ces maisons modestes, et c'est à Nuys-à-Mont que sont construites nos plus anciennes églises, celle de Saint-Julien et celle de Saint-Symphorien. C'est aussi dans cette division de Nuys que nous croyons devoir placer l'Abergement de Nuys, au lieu dit : *le Closeau*, terrain clos, près de l'église Saint-Julien qui devait en être primitivement une dépendance ; le mot *abergement* dérive, en effet, de l'allemand *al berc*, le lieu fermé, le lieu clos, le closeau. Ajoutons que l'église Saint-Symphorien, construite à raison de l'insuffisance de Saint-Julien qui n'était guère qu'une chapelle, le fut aussi près du Closeau et que cela nous porte à croire davantage que le Closeau fut l'emplacement de l'abergement, principe de Nuys-à-Mont. Il semble enfin que les familles, appelées de Nuits, qui ont possédé le Closeau, dans des temps peu éloignés, ont gardé le nom du premier créateur de cette propriété, de l'Abergement de Nuits. Un habitant de Nuits, M. Albert Regnier, joint à son nom celui de Nuits que portait sa mère, propriétaire du Closeau, et M. Louis-Charles-Adrien Regnier, contrôleur de ville des droits réunis à Beaune, se maria, en 1812, à Nolay, avec

Mlle Reine-Albert-Françoise de Nuits, fille de M. François-Marie de Nuits du Closeau.

La seconde section de Nuys, dite *Nuys-à-Val*, se construisit peu à peu de chaque côté de la route et forma tout d'abord ce que nous appelons aujourd'hui la rue de Dijon, la Grand'Rue, la rue de Beaune et les petites rues aboutissant à la Grand'Rue.

Voici quelques faits démontrant que Nuys dépendait à son origine des seigneurs de Vergy. En 1212, Eudes III, duc de Bourgogne, marié à Alix de Vergy, concède à son abergement de Nuiz liberté pleine et perpétuelle et le tient quitte de toute taille, de tous impôts et exactions, sous la réserve d'une redevance de quinze sols par feu, payable annuellement le jour de la fête de Saint-Denis. Cette concession fut confirmée en 1256 et 1268 par le duc Hugues IV, fils et successeur d'Eudes III. Ce n'est pas à dire que les ducs eussent affranchi les habitants de Nuys de la dîme, des cens et autres droits qui leur appartenaient; non; mais ils disposaient d'une grande partie de ces biens en faveur des hospices, des monastères et des collégiales. Ainsi Alix de Vergy, duchesse de Bourgogne, donne, en 1219, aux chanoines de Saint-Denis de Vergy cent sols dijonnais à prélever tous les ans sur ses droits d'étalage aux halles de Nuys; ainsi encore en 1231, elle donne aux religieuses du Lieu-Dieu le four banal qui lui appartient dans son abergement de Nuys (le four, situé dans l'ancienne rue Mercière, aujourd'hui rue Paul-Cabet et qui porta jusqu'à sa récente démolition le nom de Grand-Four), et d'après l'acte de donation, nul habitant ne pouvait construire à Nuys un autre four, sans le consentement des dites religieuses; il nous en reste une preuve dans les amendes que dut payer plusieurs fois notre bisaïeul Chrétien Faiveley-Choquier, parce qu'il faisait cuire son pain, malgré tous, dans le four qu'il s'était construit. Ce n'était pas qu'il en coûtât beaucoup pour faire cuire son pain dans les fours banals, puisqu'on n'y donnait qu'une livre de pain pour vingt; mais la liberté se trouvait froissée et entravée par ces fours publics, et c'était en faveur de la liberté que luttait notre fier bisaïeul; aussi bien son exemple fut-il longtemps suivi et ce fut le temps du bon pain. Alix de Vergy fit également don aux religieuses du Lieu-Dieu du moulin qui lui appartenait et qu'elle avait fait construire de nouveau dans la rue dite encore *du Moulin*; l'administration municipale a voulu perpétuer ce souvenir en donnant le nom de la duchesse au petit pont construit près de ce moulin.

Nuys-à-Mont se développe ; l'église Saint-Julien devient trop étroite pour sa population ; en 1280, les habitants de Nuys-à-Mont font construire une nouvelle église qu'ils dédient à saint Symphorien, martyr d'Autun, leur patron. Les premiers prêtres employés pour le service de cette église sont des chanoines de Saint-Denis de Vergy qui s'y succèdent tous les trois ans ; ils ont pour auxiliaires huit mépartistes qui doivent être originaires de Nuys. Le nom de mépartistes leur venait de ce qu'ils recevaient une demi-part (mi-part) des dons offerts par les fidèles pour la célébration des messes que ceux-ci leur demandaient. Les mépartistes n'ont disparu qu'à la Révolution de 1793.

Sur la fin du treizième siècle ou au commencement du quatorzième, les habitants de Nuys-à-Val élèvent aussi à l'honneur de Notre-Dame, une petite église, à l'emplacement qu'occupe la nouvelle église Notre-Dame, ainsi nommée en souvenir de cette petite église.

Vers l'an 1250, après la première croisade, sont encore construites deux chapelles, l'une, dite *des Croisiers*, dans le fond de la cour du vicariat actuel, rue Paul-Cabet, et l'autre, dite de *Sainte-Madelaine*, à l'extrémité sud-ouest de la rue de Beaune, au lieu dit : *Maladière*, pour l'hôpital qui portait ce nom.

L'an 1363, les habitants de Nuys, autorisés par le roi, entourent leur ville de fortifications, pour n'être plus exposés aux agressions et déprédations de bandes guerrières, si nombreuses à cette époque. Ces fortifications circulaient derrière les habitations nouvelles qui bordent aujourd'hui la ville ; leurs murailles, dont l'épaisseur diminuait insensiblement à mesure qu'elles s'élevaient au-dessus du sol, se dédoublaient, en quelque sorte, auprès de leur sommet, de manière à fournir une galerie ou sentier que l'on pouvait parcourir et qui permettait de découvrir la campagne dans l'intervalle des créneaux qui les couronnaient. Un double fossé dans lequel on pouvait à volonté introduire l'eau de la rivière entourait la forteresse ; la profondeur des fossés semblait doublée par la hauteur des palissades qui en garnissaient la contrescarpe (le bord extérieur) ; il fallait, pour entrer dans la forteresse, franchir ou abattre ces palissades qui étaient construites en forts bois d'équarrissage, espacés de quatre à cinq pouces entre eux et liés par de grosses pièces de bois et des bandes de fer. Les habitants des villages voisins avaient droit de retrait dans la forteresse, parce qu'ils contribuaient à son entretien et fournissaient des hommes pour la garder.

Deux tours carrées, l'une au midi, l'autre au nord, défendaient l'entrée de la forteresse. La tour du nord, nommée *porte Dijonnaise*, avait quarante-un pieds de hauteur sur dix-huit de largeur ; sa plate-forme était surmontée d'une lanterne au dôme quadrangulaire où était placée la cloche servant de timbre à l'horloge de la ville et qu'on pouvait sonner en cas d'alarme. La tour du midi, appelée *porte Beaunoise*, avait quarante-six pieds d'élévation sur vingt et un pieds six pouces de largeur ; elle se composait d'un rez-de-chaussée voûté, percé en arcade pour l'issue et l'entrée de la forteresse et de deux étages ; l'une des pièces du premier étage devint la chambre du Conseil ; la seconde fut consacrée au dépôt des archives ; le second étage servit de magasin pour les armes et munitions de guerre. Il y avait, en plus, la porte au *Fermerot* qui ne s'ouvrait qu'en cas d'urgence et qui permettait de communiquer avec le grand faubourg de Nuys-à-Mont ; elle se trouvait à l'endroit le plus étroit de la rue actuelle du Fermerot ; on en voit des restes dans la maison de M. Lhuilier, cordonnier.

Six tours, trois au levant et trois au couchant, étaient, ainsi que les portes, protégées par des bastions (sorte de petits forts). En quittant la porte dijonnaise et en tournant à l'ouest, la première tour qu'on apercevait se nommait tour Devaux ou des Dames, en souvenir de la résistance que firent les dames, en 1576, à l'armée de Casimir. Entre cette tour et la porte du Fermerot existait une poterne ou porte basse s'ouvrant sur les fossés qui entouraient la forteresse. A la suite de la porte du Fermerot, à peu près derrière le chœur de l'ancienne église Notre-Dame, on voyait une seconde tour, appelée *tour Notre-Dame*, du nom de cette église ; puis une troisième tour, appelée *tour Carrée* à cause de sa forme, tenait le milieu entre la tour Notre-Dame et la porte Beaunoise ; il y a peu de temps, on la voyait encore intacte dans le jardin qui fait face au nouveau pont de la rue de Chaux. Au delà de la porte Beaunoise, en continuant à contourner la ville, se présentait une quatrième tour, appelée *tour Bonvalot*, du nom de son propriétaire ; une poterne ou porte basse était construite entre cette tour et la cinquième, nommée *tour Saint-Nicolas*; la sixième et dernière tour portait le nom de *Chapon*, son propriétaire ; on en voit des restes derrière une maison de la Grand-Rue, un peu au nord des halles.

En 1365 fut bâti le premier oratoire de Notre-Dame de la Serrée, par Guy de Villers, en action de grâce de ce qu'il avait été sauvé d'un grand danger, près de l'endroit même de l'oratoire, dans une de ses chasses. La première statue de la Vierge de la Serrée était, dit-on, de marbre blanc, et il fallait gravir environ cent escaliers pour y arriver. Il y a peu d'années, on voyait sortir du pied du coteau sur lequel est construit l'oratoire une petite fontaine jetant ses eaux dans le Muzin, et nous croyons bien qu'elle coule encore dans les saisons humides ; l'Église a souvent placé la statue de la Vierge près des sources, images, à ses yeux, de Marie, source de grâces et de bonheurs. L'oratoire fut saccagé par les calvinistes, au commencement des guerres de religion, et quand on le rebâtit, en 1625, on remplaça la vierge de marbre par une statue de bois grossièrement travaillée, représentant la Mère des douleurs avec le corps de son fils inanimé sur ses genoux. Notre-Dame de la Serrée a été invoquée par de nombreux pèlerins et elle a eu ses poètes.

En 1437, des bandes de pillards, appelés *Écorcheurs* à raison de leurs déprédations, envahissent les faubourgs de Nuys, mais ne peuvent entrer dans la ville. On appelait alors *faubourgs* (nom composé de *for*, dont le *r* disparut et qui voulait dire *dehors*, et de *bourg*, habitation) toutes les rues construites hors de la ville.

En 1569, les Suisses et les Allemands, commandés par Casimir, duc de Deux-Ponts (ville de Bavière), passent aussi sous les murs de Nuys ; mais ils sont poursuivis par le duc d'Aumale, gouverneur de la province, et n'osent en entreprendre le siège ; ils pillent et brûlent néanmoins une soixantaine de maisons des faubourgs, tuent ou emmènent prisonniers une centaine d'habitants.

En 1576, le 19 janvier, le même Casimir, à la tête de vingt-cinq mille reîtres (cavaliers), s'empare de la ville, brûle les trois quarts de ses habitations et toutes ses églises, dont il ne reste que les murs. Soixante-sept corps morts sont enterrés à l'église Notre-Dame, dans une fosse commune, sans compter ceux des gens riches qui y sont inhumés dans des fosses particulières. Les habitants fondent une

messe anniversaire pour le repos des âmes des *bigotés*, nom donné
aux victimes retirées avec l'instrument aratoire appelé *bigot* de
dessous les décombres de la chapelle des Croisiers et du grand-four
de la duchesse Alix. Cette messe fut célébrée pour la dernière fois par
M. l'abbé Gareaux, curé de Nuits, décédé en 1831. De plus, on éri-
gea, en souvenir des victimes, sur la place Saint-Denis, une statue
de la Vierge qui en disparut à la Révolution de 1793, sous prétexte
qu'elle gênait la circulation ; cette statue a été recueillie par l'hôpital où l'on peut la voir. Peu à peu la ville se releva de ses ruines
et ses églises furent restaurées, sauf celle de Saint-Julien dont, un
siècle plus tard, on voyait encore les ruines imposantes. Une croix,
dite de *Saint-Julien*, rappelle l'emplacement qu'occupait cette église
et nous avons vu, dans notre enfance, plusieurs tombes de son
cimetière.

Dès ces temps reculés, bon nombre de croix donnent leurs noms
aux finages sur lesquels la piété des fidèles les a posées ; nommons
la Croix-Blanche, la Croix-Rouge, la Belle-Croix, la Croix-Vitre.
Après ces croix on en planta d'autres qui prirent les noms de
leurs propriétaires.

Vers la fin du seizième siècle, les ermites de Saint-Augustin
abandonnent leur église Saint-Pierre et leurs cellules. Depuis ce temps
jusqu'en 1793, leur ermitage n'est plus habité que par de pauvres
gens, sur l'autorisation des échevins de la ville, à la charge, pour
ces pauvres, d'entretenir les murs de clôture, de garder l'église et
ses vases sacrés et de sonner la cloche à l'approche des ennemis et
des orages. C'est la clochette des ermites qui annonce encore de
nos jours les offices de Notre-Dame ; mais cette clochette n'honore
guère ni le culte ni les Nuitons. Les prêtres de Saint-Symphorien
continuèrent à célébrer, de temps en temps, la messe à l'ermitage,
jusqu'après la Révolution. La montagne de l'ermitage fut longtemps
appelée le *Mont-Saint-Pierre*, du nom de l'église qui la couron-
nait.

En 1596, une peste terrible ravage la ville et les pays voisins ;
une ladrerie (hôpital) est établie alors au moulin Chaudot pour
les pestiférés ; ceux qui y meurent sont enterrés près de ce moulin.

En 1609, parce que, sur les ordres de Henri IV, le château de
Vergy devait être rasé, les chanoines de ce château descendent à
Nuys pour s'y fixer. La ville leur donne quelques pauvres maisons

et la vieille église Notre-Dame, telle qu'elle était demeurée depuis son incendie par les reîtres de Casimir ; ils la restaurent et en font leur église à laquelle ils donnent le nom de Saint-Denis, leur patron, apôtre et martyr de Paris ; ils y installent les clochettes qu'ils ont transportées du château de Vergy, leurs nombreuses reliques et le superbe reliquaire qui représentait le château et où l'on voyait le crâne et la mâchoire inférieure de saint Denis, mais qui fut vendu, en 1793, pour en faire de la monnaie. Les clochettes de Saint-Denis, refondues à une époque postérieure, sont actuellement au clocher de Saint-Symphorien et l'on attend qu'elles reviennent à Notre-Dame. Plus tard, les chanoines dotèrent leur église d'un plafond sculpté monumental et firent construire un chœur au sommet de leur église. C'était à Saint-Denis que l'on prêchait, aux frais de la ville, les sermons de l'Avent et du Carême et que l'on chantait les *Te Deum* commandés en action de grâces pour des événements joyeux. L'enseignement de la musique était exclusivement réservé aux chanoines, et ceux-ci, dont le nombre s'élevait à seize, durent être définitivement originaires de la ville. Ils nommaient un des mépartistes de Saint-Symphorien pour remplir, sous le titre de vicaire amovible et à leur place, les fonctions de curé : plus tard ils consentirent à nommer ce vicaire, sous le titre de vicaire perpétuel, mais en se réservant le droit d'officier à Saint-Symphorien les jours de grandes fêtes et de présider les processions solennelles, comme étant de droit, de par les châtelains de Vergy, les vrais curés de Saint-Symphorien. Les autorités civiles leur demandaient, pour les fêtes de la ville, des airs de musique instrumentale qu'ils composaient eux-mêmes et donnaient volontiers ; l'Hôtel de ville possède encore un de ces airs que nous avons déchiffré avec grand plaisir.

En 1611, le doyen des chanoines de Nuys obtint la préséance aux états de la province sur celui d'Avallon et sur celui de Saulieu, et, pendant plusieurs siècles, la collégiale eut le patronage des cures de Chaux, de Quincey, de Meuilley, de Collonges, de Ternant, de Quemigny, de Chambœuf, de Clémencey et de dix-huit chapelles dont elle nommait les titulaires ; on voit par là quelle était son importance.

De 1611 à 1619, Nuys est ravagé par des inondations, des grêles, des ouragans et des maladies contagieuses.

En 1618, construction du premier Hôtel de ville, au sud des vieilles halles ; en 1630, son exhaussement et l'élévation de la tour de son escalier pour y placer l'horloge publique. La Révolution a détruit, comme chacun peut le voir, les armoiries de la ville, sculptées au sommet de la porte de cet édifice. La cloche de l'horloge est de 1609 et les timbres qui sonnent les quarts portent l'année 1599.

En 1633, arrivée des Franciscains, vulgairement appelés Capucins ; ils obtiennent de la ville l'autorisation de s'établir dans le premier hospice Saint-Laurent dont ils font leur chapelle, encore existante dans la maison de Lupé, rue de Beaune. Dans le même temps, nouvelle peste et rétablissement d'un lazaret au moulin Chaudot pour les malades qui en sont atteints. Les Capucins rendent de grands services à Nuys et aux villages voisins pendant cette épidémie. C'était chez eux que logeait l'évêque d'Autun au cours de ses tournées pastorales. Ils n'eurent jamais de querelle avec la ville, ni avec ses prêtres.

En 1634, arrivée des Ursulines venant de Beaune. Elles s'établissent en face du grand lavoir actuel. On voit encore une grande partie de leurs murs de clôture : leur chapelle occupait la place de la maison bourgeoise qui regarde le lavoir ; avec les maisons des Religieuses, cette chapelle composait un carré formant une large cour ; le reste de leur propriété contenait un verger, un potager et plusieurs maisons destinées à divers usages et notamment à leur jardinier. Les Ursulines instruisaient les jeunes filles.

A cette époque, il est curieux d'en faire la remarque, la ville payait des musiciens pour jouer dans les rues et presqu'à toutes les portes des Noëls pendant l'Avent. Depuis longtemps Nuys s'est toujours distingué par son goût pour la musique.

L'arrivée des Capucins avait supprimé le premier hospice Saint-Laurent. En 1633, pour le remplacer, la ville achète dans la rue de Quincey, une maison de dame veuve Joliot Pierre, y place deux lits tout d'abord et peu à peu un plus grand nombre ; elle achète aussi successivement les maisons et jardins adjacents : telle est l'origine du second hospice Saint-Laurent, de l'hospice actuel. L'hospice est dirigé tout d'abord par deux femmes pieuses. En 1689, le 20 octobre, Antide Midan, prêtre originaire de Nuys, mépartiste de Saint-Symphorien, aidé par ses compatriotes, fait élever la grande salle Saint-Laurent, dont il pose la première pierre ;

son corps repose sous l'autel de la chapelle de l'hospice ; on lisait sur sa tombe ce bel éloge :

« Epris d'un zèle plus qu'humain, Midan à l'amour du prochain consacra son cœur et ce temple. Hommes, n'en soiez pas ingrats ; quand vous tairiez ce rare exemple, les pierres ne le tairoient pas. Ce monument est dédié à la mémoire de Maître Antide Midan, prestre mépartiste à Nuys, qui a fait bâtir cette salle où il a élu sa sépulture parmi les pauvres, en faveur desquels s'étant dépouillé de tous ses biens, pendant sa vie, il ne luy restoit plus que son corps à leur donner après sa mort. Il mourut l'an 58e de son âge, le septième jour de décembre, 1694. Priez Dieu pour lui. »

En 1697, l'hospice est incendié, mais non gravement. Mme Girault, veuve de M. Louis de Leselache, professeur au collège royal, dirige l'hospice pendant de nombreuses années et tout d'abord son corps repose à gauche de celui d'Antide Midan. En 1726, les pauvres filles qui l'aident prennent le voile religieux. En 1728, le 28 mai, Nicolas Jachiet et Antoinette Jachiet, veuve de M. Toisy de Villers, fondent à l'hospice la messe quotidienne, et Claude Poyen lègue à l'hôpital le domaine de Boncourt-la-Ronce et autres propriétés de la valeur de plus de soixante mille francs d'alors. Un autre bienfaiteur de l'hôpital, Félix de Vaudrey, fut inhumé dans la salle Saint-Laurent, à côté d'Antide Midan. On admire encore, plus qu'on ne l'imite, l'amour de ces nobles personnages pour les pauvres.

La Révolution de 1793, en supprimant la vie religieuse, semblait avoir détruit la charité ; mais il n'en fut rien. En 1811, les Sœurs reprennent le costume religieux ; en 1813, leur supérieure est Reine Titard qui a pour assistante Rosalie Blandin, toutes deux filles de l'hôpital de Beaune. Avec elles et sous l'habile direction de M. l'abbé Garreau, l'œuvre renaît. Sœur Stéphanie Arnoux succède, en 1822, à sœur Titard, et c'est sous son administration que s'accroît l'aile gauche de l'hôpital ; elle meurt en 1880 et est remplacée par sœur Rémond et à celle-ci succède sœur Regnier. En 1871, en reconnaissance des services rendus par l'hôpital pendant la guerre, sœur Arnoux est décorée de la médaille militaire et la Communauté de la croix de la Légion d'honneur. Les anciens de Nuys conservent toujours un bon souvenir des sœurs Narveau, Nief, Edouard, Favier, Chauvenet qui se sont dévouées et sont mortes au service de leurs pauvres malades.

2.

En 1643, les insectes ravagent les vignes ; on les exorcise en suivant le formulaire envoyé au clergé par l'évêque d'Autun.

En 1647 et années suivantes, la ville vend les terrains occupés par les fortifications, pour y construire des maisons et y établir des jardins. Les fortifications n'étaient plus utiles depuis que, par la prise de Besançon, Nuys n'était plus ville frontière.

En 1703, destruction de l'hospice de la Maladière et de son église, usés de vétusté. Cet hospice avait vécu près de cinq cents ans. Le finage sur lequel il était construit continue à en porter le nom.

En 1709, vignes et noyers gelés ; le blé se vend à un prix excessif ; les échevins saisissent une grande partie de celui qu'ont récolté les campagnes voisines et font un emprunt pour le payer.

En 1714, maladie sur les animaux ; la ville paie cent vingt livres pour l'enfouissement des vaches péries.

En 1718, la ville remplace ses noyers gelés en 1709. Les noyers disparaissent peu à peu ; c'est dommage ; les habitants des montagnes conservent les leurs et sont heureux d'en obtenir leur huile de prédilection.

En 1747, forte inondation du Muzin ; sept enfants, cinq adultes, soixante-dix bêtes à cornes, cinq porcs et cent moutons y meurent et les récoltes en plaine sont anéanties.

En 1757, nouvelle et terrible inondation du Muzin ; l'eau envahit les rez-de-chaussée des maisons d'une grande partie de la ville ; un poisson grossièrement sculpté et placé dans le mur d'une habitation de l'ancienne place Fleury indique, dit-on, le point qu'atteignirent les eaux pendant cette inondation. C'est que le Muzin coulait alors presque ras de terre ; mais alors on le creuse depuis le glacis faisant face à l'ermitage et on l'encaisse tout le long des fossés qui plus tard prennent le nom de *quai Fleury*, en souvenir de l'ingénieur de ce nom qui dirigea les travaux des murs d'encaissement. Le Muzin fut, dans des temps reculés, un torrent très fort, à en juger par les cailloux énormes et polis trouvés récemment au faubourg Saint-Symphorien qui dut lui servir de lit, dans des fouilles creusées pour y déposer les tuyaux des eaux des fontaines publiques.

En 1765, démolition de la porte du Fermerot.

En 1783, destruction des portes Dijonnaise et Beaunoise ; leurs tunnels très étroits gênaient trop la circulation : on en voit encore des restes dans les piliers auxquels elles étaient fixées.

De 1781 à 1728, processions, prières publiques contre les souris qui ravagent les céréales et contre les vers et autres insectes qui menacent de détruire la vigne. On exorcise les vers et les insectes comme on l'avait fait en 1613.

En 1788, grande sécheresse ; le Muzin est à sec ; on va moudre jusqu'à Louhans.

Sur la fin du siècle dernier, on voyait, dans la Fin-Blanche, sur le chemin qui conduit des nouvelles Ursulines à Saint-Symphorien, au nord d'une vigne appartenant à Jean Pacquetet-Jacob, une chapelle dédiée à saint Jean l'évangéliste, ainsi que le constate un acte de famille passé entre nos mains.

En 1793, destruction des ordres religieux, églises fermées. Les maisons et propriétés des chanoines de Saint-Denis, celles des Croisiers, des Capucins, des Ursulines et l'Ermitage sont vendues au profit de la Nation. La Révolution traque nos prêtres qui célèbrent le culte clandestinement, dans des maisons particulières, notamment dans celles de l'échevin Pierre Desgranges-Choquier, tandis que la Révolution s'assemble aux Buttes, au pied d'un autel qu'elle avait élevé à la déesse Raison.

Les Ursulines avaient abandonné leur monastère dès 1789. Depuis leur établissement à Nuys, c'est-à-dire, depuis le 11 avril 1634, jusqu'à cette époque, cent quarante-neuf d'entre elles moururent dans ce couvent.

C'est en 1793 qu'on introduit maladroitement un *t* dans le nom de Nuys qui, par la suite, s'écrit *Nuits* ; nul alors ne prit garde, en effet, que le mot *Nuiton* ne contenait un *t* que parce qu'il adjectivait le mot *Nuys*. Nous écrirons donc désormais Nuits avec sa mauvaise orthographe nouvelle.

En 1801, réouverture des églises ; le culte peut dès lors s'exercer librement.

En 1817, grande disette, presque la famine.

En 1829, établissement des sœurs de Saint-Vincent de Paul par la famille Marey-de Gassendi. Les nouvelles religieuses remplacent, pour l'enseignement des jeunes filles, les anciennes Ursulines et vont à domicile visiter et soigner les malades. Elles établissent dans leur maison une petite chapelle pour leur usage particulier et une plus vaste pour leurs élèves.

De 1830 à 1818, la ville a sa garde nationale, ses pompiers, ses grenadiers, ses voltigeurs, tous costumés et armés. Hommes, jeunes gens plantent leurs arbres de liberté qui périssent bientôt et que nul ne remplace.

Vers cette époque, on cesse de faire son pain chez soi ; chacun veut manger du pain blanc de boulanger ; aujourd'hui, pour rétablir les santés détériorées par le pain blanc, on demande : les uns du pain noir, les autres du pain bis (brun) ; on eût donc bien fait de ne pas abandonner le pain de ménage.

A partir de la même époque, on couvre de vigne tous les terrains en plaine et la vigne, trop abondante, ne peut plus être, bientôt, cultivée consciencieusement. Dès lors, plus de champs pour les céréales, ni pour les légumes, et le vigneron qui ne peut plus avoir sa vache se contente de ses lapins et doit acheter son lait.

La Révolution de 1793 n'avait ébranlé que faiblement dans les esprits les principes religieux ; celle de 1830 les ébranle davantage et celles des anciennes et nombreuses confréries dont Nuits s'était glorifié jusque-là, qui subsistaient encore, s'écroulent peu à peu et les pratiques essentielles de la religion s'évanouissent avec elles ; le dimanche n'est bientôt plus un jour de repos, et le vigneron, qui s'enhardit dans son incrédulité croissante, suspendra peut-être ses travaux le lundi, mais non le jour du dimanche, et souvent il se fera gloire d'insulter les rares observateurs fidèles de ce jour tant utile à la santé des corps comme à celle des âmes.

En 1833, acquisition d'une maison bourgeoise pour en faire un nouvel Hôtel de ville. Les armoiries qu'on a gravées sur le sommet de la porte de cette maison ne sont pas, dit-on, conformes aux premières armoiries de Nuits. La partie principale des armoiries était, tout d'abord, le blason sur lequel était peint ou gravé le drapeau de guerre de telle ville, de telle famille. A l'église Saint-Symphorien, le buffet d'orgue est supporté par une ancienne tribune de la fin du seizième siècle ; aux extrémités de la balustrade qui soutient la rampe de chaque côté de l'orgue, deux petits anges tiennent chacun devant eux un écu dans leurs mains ; c'est très correctement celui de la ville de Nuits. On doit ainsi le blasonner :

« Nuits, porte de *Bourgogne ancien, qui est bandé d'or et d'azur de six pièces avec bordures de gueules, au chef de Vergy qui est de gueules aux trois roses quintefeuilles d'or* (cette formule est de Palliot). Les mots *gueules* indiquent la couleur rouge et les roses *quintefeuilles* sont des roses à cinq pétales ; le mot *chef* désigne le sommet de l'écu, partie centrale du blason.

Dans la même année 1833, rachat du jardin adjacent à la maison bourgeoise, devenue l'Hôtel de ville. C'était dans ce jardin qu'autrefois les chevaliers de l'Arquebuse s'exerçaient au tir ; mais la ville l'avait vendu pour acheter le terrain du grand jardin actuel, dit *anglais*, et celui du champ de foire au bétail, rue de Quincey.

En 1843, installation des Frères par les soins de M. l'abbé Sauvageot, curé de la ville, mort en 1847.

De 184* à 1849, construction de la gare. A partir de ces années, grâce à la ligne ferrée, les prix du vin sont doublés ; mais ceux de la culture de la vigne le sont aussi.

En 1854, le choléra ; cent victimes environ ; l'épidémie exerce ses ravages surtout sur le cours du Muzin mal tenu.

En 1856, reconstruction de l'oratoire de la Serrée par M. Octave de Lupé. La bénédiction du nouveau sanctuaire eut lieu le 2 septembre ; elle fut donnée par Monseigneur Rivet, environné de quatre-vingt-dix prêtres et d'une foule immense, composée de toutes les classes de la société, et le soir de ce beau jour, la ville entière s'illumina. On accourait de toute part, le 25 mars et le lundi de Pâques, à la Vierge de la Serrée et la tradition a conservé le souvenir de nombreuses faveurs extraordinaires obtenues par l'intercession de la Vierge. Nous avons nous-même décrit dans une longue pièce de vers, que nous avons fait déposer aux archives de la fabrique de Nuits, la guérison merveilleuse dont fut gratifiée, après une neuvaine de courses et de prières au sanctuaire béni, notre aïeule maternelle, Christine Dégrange, épouse de Jean Pacquelet. Notre aïeule souffrait depuis longtemps d'une large plaie à la jambe et nul remède naturel ne l'en pouvait délivrer ; le soir du neuvième jour de sa neuvaine, non seulement sa plaie n'existait plus, mais aucune trace n'en pouvait être vue. Nous avons notifié pareillement cette guérison étonnante à Monseigneur l'évêque Rivet qui s'en montra très ému. Notre aïeule vécut encore plus de six ans après sa guérison parfaite, continuant à édifier la ville par sa haute piété. Au moment où, deux jours après sa mort, on la mit au cercueil, nous avons admiré comment sa figure était restée teinte de

— 22 —

rose, contrairement à ce qui arrive d'ordinaire aux morts. Pierre Dégranges, échevin de la ville, son père, avait prêté ses maisons pour la célébration clandestine du culte, en 1793, ainsi que nous l'avons déjà dit.

En 1864, installation du télégraphe à l'Hôtel de ville.

En 1865, grande sécheresse; le Muzin et les puits tarissent; on va chercher l'eau potable à Premeaux.

En 1867-1868, établissement des fontaines publiques.

En 1869, établissement du gaz.

En 1870, guerre entre la France et la Prusse; deux combats successifs, les 18 et 20 novembre, et le 18 décembre un troisième plus terrible où l'on ne sait tout d'abord quels sont les vainqueurs. On fonde une messe anniversaire pour le repos des âmes des victimes, comme on en avait fondé une, en 1576, pour les victimes de Casimir, duc de Deux-Ponts. Un monument funèbre fut élevé, au cimetière, sur les restes des Français tombés sur le champ de bataille, et un second, sur l'emplacement principal du dernier combat. Au cimetière encore, tout près du monument élevé à la gloire des soldats français, on voit le petit terrain, entouré d'une balustrade de fer, dans lequel gisent les restes des soldats prussiens tués au combat; on ne laisse pas croître d'herbe sur ce terrain.

Un peu avant cette guerre était achevée la nouvelle église Notre-Dame, construite par le zèle de M. Garnier, curé de la ville. Un boulet prussien en ébrécha légèrement le clocher, à sa partie supérieure. Cette église coûta plus de 400,000 francs; malgré ses défauts de construction, chacun l'aime néanmoins. Son orgue est mal placé et son clocher n'a d'autre cloche que celle de l'ermitage.

En 1878, arrivée de nouvelles Ursulines, amenées de Flavigny par M. l'abbé Duplus, leur aumônier. Elles ouvrent et tiennent avec honneur un pensionnat de jeunes filles, construisent une jolie chapelle et un grand corps de bâtiment servant de salle de récréation et de dortoir; leur jardin est spacieux et on y jouit du joli coup d'œil de nos montagnes et de l'air pur qui en arrive. Puissent ces nouvelles Ursulines vivre à Nuits aussi longtemps, plus longtemps même que leurs devancières!

En 1880 et années suivantes, invasion du phylloxéra qui détruit vite la vigne. On ne demande plus par des prières publiques, comme on l'avait fait en 1643 et en 1788, la destruction de l'insecte ravageur et le mal se continue, malgré tous les ingrédients chimiques que la science lui oppose ; les vignes greffées sur plants américains le développent et le perpétuent ; beaucoup de ces nouvelles vignes sont arrêtées dans leur végétation, alors qu'elles n'ont que cinq ans d'âge.

En 1888, arrivée de nouvelles sœurs enseignantes, dites du *Saint-Sacrement;* elles se fixent dans des habitations construites sur le jardin des Croisiers et leur école religieuse succède à une école laïque.

Vers la même époque, établissement d'une école laïque de filles par la ville et celui d'un asile maternel, à la suite d'un don fait à la ville par dame Marie Maignot qui avait demandé un asile pour des vieillards.

Vers la même époque encore, réorganisation de la confrérie religieuse de Saint-Vincent et création d'une société civile portant le nom du même saint, mais ne rendant à saint Vincent aucun honneur.

Vers le même temps, voici les enterrements civils, et quand les enterrements sont religieux, souvent ceux qui les suivent n'entrent plus à l'église et leurs conversations bruyantes, depuis la maison du défunt à l'église, vont bon train.

En 1888 encore, M. l'abbé Rouard, curé de la ville, commence la restauration de Saint-Symphorien ; mais il ne peut la continuer selon son désir, parce qu'il est transféré à la cure de la cathédrale de Dijon ; et peu de temps après, M. Rouard est nommé vicaire général et en 1895 il devient évêque de Nantes, et la ville de Nuits reconnaissante lui fait don d'une superbe mitre.

En 1893, l'administration de la ville obtient d'ajouter au nom de Nuits celui de Saint-Georges, au risque de faire croire que Nuits-Saint-Georges est autre que notre vieux Nuits et que tout le vin qui se récoltera désormais sur le territoire de Nuits sera du vrai vin du climat de Saint-Georges. En cette même année, grande sécheresse pendant tout le printemps ; on vend à vil prix le bétail qu'on ne peut plus nourrir, faute de fourrage, et la vigne française, très belle tout d'abord, cesse de croître et ses raisins dépérissent. De plus, les gros vers blancs du hanneton détruisent, sur une grande étendue, les jeunes plantations de vignes greffées sur les plants américains, et des nuées épaisses de guêpes menacent de faire la vendange des raisins avant leur maturité. Nouvelle sécheresse au mois d'août ; les raisins sont mûrs sur la fin de ce mois et leur vin n'est que médiocre. Dès le milieu de l'été, le réservoir de l'eau des fontaines est presque à sec.

Vers cette époque, la ville achète le jardin de Mme Sophie Marey de Gassendi et le transforme en place publique.

En 1896, le vin n'a que peu de valeur.

En 1897, la récolte en vin est la plus mauvaise qu'on ait jamais vue, et la ville fait une quête à domicile pour l'aider à élever un monument à l'astronome nuiton, Félix Tisserand, décédé directeur de l'Observatoire de Paris et que tous les astronomes de l'Europe se plaisent à appeler leur maître. On donne son nom à la vieille rue des Blés ; sa maison natale est celle qui porte le numéro 32 de la rue Saint-Symphorien. En cette même année, malgré la disette des temps, le Conseil municipal vote une imposition communale extraordinaire de 10 centimes, pour remboursement d'emprunt.

Le 11 août, translation solennelle du corps de M. l'abbé Garnier, du cimetière à l'église Notre-Dame qu'il fit construire. On le dépose dans la nef Saint-Joseph, vis-à-vis le monument qu'on lui avait dédié, lors de la construction de cette église.

Depuis quelques années, la musique vocale n'est plus enseignée, à Nuits, pour le service de l'église, qu'à quelques jeunes filles et aux enfants de l'école des Frères, et les jeunes gens qui se contentent de leur musique de cuivre ne prêtent plus leur concours au culte, comme ils le lui prêtaient, dans un temps non encore éloigné.

Vers le commencement de ce siècle, Nuits donna trois prêtres au diocèse : MM. Girardot, décédé curé de Saint-Michel de Dijon ; Hanriot, décédé ancien curé de Losne ; Naudin, décédé à Autun. Depuis 1818, époque où nous relevâmes nous-même la bannière du sacerdoce, Nuits n'a pas cessé de produire des prêtres dont plusieurs sont morts jeunes et dont plusieurs vivent encore. Les religieuses natives de Nuits, déjà âgées, sont également nombreuses ; mais les jeunes filles de nos jours, qui se contentent d'une piété facile, ne marchent pas sur leurs traces.

ÉTYMOLOGIES

DES NOMS

DES CLIMATS ET DE CERTAINS LIEUX DE NUITS

Les *Alots* : de leur élévation au-dessus de la Fin-Blanche et des bas-fonds de Vosne. Beaucoup de lieux portent ce nom et ils le doivent à leur site élevé.

Les *Argilley* : de leur terre argileuse.

Les *Athés* : d'une *hâte*, maison de culture, qui dut exister sur le terrain actuellement occupé par les habitations des Ursulines.

Les *Belle-Croix* : d'une belle croix élevée par les Capucins.

Les *Bôlard* : du nom d'un ancien propriétaire, encore porté.

Les *Cailles* : des cailles qui devaient s'y plaire.

Les *Chagnots* : des chênes, en patois *châgnes*, qui les couvrirent primitivement.

Les *Chaillots* : des cailloux de silex qui y abondent.

Les *Chaillots-Brûlés* : d'un incendie qui y eut lieu et dont on a trouvé des traces.

Les *Champ de Quarteau* : de la petitesse de ce champ qui, planté de vigne, ne produit qu'une quantité minime de vin.

Les *Chandeperdrix* : de la perdrix qui devait y abonder jadis.

Les *Charmois* : du bois de charmes dit de *Charmois* qui en est peu distant

Le *Château-Renaud* : endroit rocheux qu'une légende dit avoir été habité par un enchanteur nommé Renaud. Le nom de château aurait été donné par dérision aux rochers de cet endroit ; c'est ainsi qu'une pauvre maison détruite de la rue des Quincey s'appelait le *château d'osiers*, parce qu'elle était faite d'osiers.

Le *Clôseau* : de son terrain clos.

La *Combe-Pernant*, celle de la cascade : de *per*, vieille orthographe du mot *pierre*, et de *nant*, vieux nom de beaucoup de fontaines, de rivières. Le mot *cascade* vient de deux mots latins : *cassus* indiquant un cours d'eau cassé, rompu, et *cadere* voulant dire *tomber*. Quant au mot *combe*, il est un similaire de celui de *vallon*.

Les *Cras* : du corbeau qui hantait la montagne qui les domine.

Les *Croix-Blanche* : d'une croix blanche qui y fut posée et qui a disparu.

La *Croix-Flachot* : d'un nommé Flachot, qui en fut le propriétaire.

Les *Croix-Rouge* : d'une croix rouge qu'on y voyait jadis.

Les *Cros* : des creux qu'on y remarque en plusieurs endroits.

Les *Crovitre* : d'une croix disparue, posée par l'ancienne famille des Le Vitre. Ce finage se nomme aujourd'hui : *le derrière des Buttes*.

Les *Damhuguettes* : du nom d'une ancienne propriétaire nommée Huguette.

Les *Damaudes* : du nom d'une ancienne propriétaire.

Les *Didier* : du nom d'un ancien propriétaire.

La *Fin-Blanche* : finage à terre blanche.

Les *Fleurières* : d'un nommé Fleury auquel elles appartinrent.

Les *Gaindaines* : rien dans les choses de la nature ou dans les exploitations n'explique ce nom ; dès lors nous croyons qu'il dérive d'un nom d'antique propriétaire.

Les *Grande* et *Petite Gueume* : d'un vieux nom voulant dire : *lieu couvert d'une herbe rare et courte.*

Les *Grépisso* de l'Ermitage et de Concœur : vieux nom voulant dire *sentier rapide, difficile à gravir.*

Les *Herbeux* : de leur terrain herbeux, tout d'abord.

L'*Islette* : de sa petite fontaine ; on appelait jadis *islette, ilette,* de toutes petites sources.

Les *Longecourt* : de la longueur de ses champs.

Les *Longueroie* ou *Longueré* : de la longueur de leurs *roies,* c'est-à-dire, de leurs champs.

Les *Maladière* : de la Maladière, premier hôpital de Nuits.

Les *Mérée* : du nom d'un ancien propriétaire appelé Méré.

Les *Maizière* : des palissades ou haies qui les entouraient primitivement.

Les *Murgey* : des amas de pierres, provenant de carrière, qu'on y voit.

Les *Nourreau* : des noyers qui les couvraient jadis. Tous les

Nourreau, comme tous les *Norroi* d'ailleurs, doivent leur nom aux noyers.

Le *Pâquet* ou *Pasquier* : du pré qui le couvrait jadis et sur lequel on menait paître le bétail. *Pasquier* traduit, en effet, le *pascua*, pâturage des latins.

Les *Perrières* : du nom de *perrière* pour *pierrières*, lieu d'où l'on extrait la pierre. Il y a, dans ce nom, un parallèle de *carrière* qui a le même sens.

Les *Pièces* : des grands champs qu'elles contiennent.

Les *Porrets* : de *porre*, vieux nom de la pierre et des *Perrières*.

Les *Procès* : d'un procès dont on n'a plus souvenir, dont leurs terres furent l'objet.

Les *Pruilley* : probablement des sorbiers, appelés *épruyer*, qui devaient y abonder jadis ; les premières lettres de beaucoup de noms ont cessé de se prononcer.

Les *Quatre-Rues* : de deux chemins qui, s'y croisant, en forment quatre. *Rue* fut employé pour *chemin*.

Les *Quatre-Chemins* : nom plus récent que celui de *Quatre-Rues*.

Les *Roncières* : des ronces que leur terrain produisait jadis abondamment et qu'il produirait encore, sans la culture qui le transforme.

Les *Saint-Georges* : d'une vigne qui dut appartenir à la très ancienne confrérie de Saint-Georges.

Les *Saint-Jacques* : d'une vigne qui dut appartenir à l'ancienne confrérie de Saint-Jacques.

Les *Saint-Julien* : de saint Julien, premier patron de Nuits et de l'église qui lui avait été dédiée.

Les *Saligny* : du nom d'un antique propriétaire.

La *Serrée* : de son vallon étroit, très resserré par les deux montagnes rapprochées qui la produisent.

Les *Seuilley* : de *seuillé*, vieux nom du sureau.

La *Sou-aux-Porcs* : on veut qu'elle tienne son nom de ce que, pendant une forte inondation du Muzain, des porcs y auraient été conduits et gardés. Nous doutons de l'exactitude de cette étymologie, lorsque nous constatons le peu de profondeur de la cavité qui porte ce nom ; nous supposons plutôt que la *Sou-aux-Porcs* est un nom déformé des mots *sub*, sous, et *porre*, pierre, voulant dire : *cavité sous la pierre*.

Les *Terreaux-de-la-Motte* : de leur terrain élevé qui porta le nom de *motte* et des *terreaux* ou *fossés* qui durent y être creusés jadis pour son assainissement, vu l'humidité de l'endroit.

Les *Thuyots* : probablement du nom d'un ancien propriétaire, encore porté.

Tribourg, nom d'une petite rue de Nuits, doit vouloir dire : *troisième bourg* ; nous avons dit qu'on appelait, jadis, *bourg*, toutes les rues situées en dehors des fortifications. Mais si *Tribourg* était une déformation de *Trébourg* (ce qui n'est pas invraisemblable), il aurait le sens de *bourg sur la rive droite* du Muzain, parce que *tré* voulait dire autrefois *au delà*. Nous avons dit que *faubourg* signifie *bourg au dehors* des murs d'enceinte, parce que *fau* est une corruption de *fors*, pour *dehors, hors*.

Les *Vallerot* : du nom du petit val auquel ils confinent.

Les *Vaucrin* ou *Vaucrain*. Ce nom dut être donné jadis au Vallerot dont les *Vaucrain* sont voisins. Jadis *crain* signifiait *fissure* et le Vallerot n'est qu'une sorte *de fissure* dans la montagne qu'il divise. Ce qui nous persuade qu'il en est ainsi, c'est qu'il existe également à Comblanchien un petit vallon étroit qu'on appelle aussi *Vaucrain*.

Les *Verdières* : très probablement du petit oiseau nommé verdière. Ce serait un parallèle des *Cailles*, des *Chandeperdrix*.

Les *Vigneronde* : d'une fontaine ainsi appelée, parce qu'elle sort des vignes de ce finage.

Ajoutons que, outre les croix ci-dessus nommées, plusieurs autres ont porté les noms de leurs premiers propriétaires et de leurs propriétaires successifs : telles, par exemple, la Croix-Milot, la Croix-Larcheret, la Croix-Confuron. La Croix-Saint-Julien occupe à peu près l'emplacement de l'ancienne église Saint-Julien.

Les anciens moulins se distinguaient aussi les uns des autres par les noms de leurs propriétaires.

ÉTYMOLOGIES

DES NOMS

DES VILLAGES DU CANTON DE NUITS

Agencourt, autrefois *Engincurt* : de *engin* qui se prononçait jadis *anjan* et voulait dire : *équipages de chasse*, et de *court*, pour le vieux château du village. D'où, pour l'ensemble : *maison de chasse, où l'on gardait les chiens et ustensiles de chasse.*

Antilly, hameau d'Argilly : du nom d'un premier propriétaire.

Arcenant : de *arx, arcis*, lieu élevé, rochers, et de *nant*, qui désigne la source du village.

Argilly : de l'argile exploitée dès le neuvième siècle, dans ce pays, pour la poterie et les tuiles.

Bâlon : contraction du mot *bacelum* qui a produit aussi les noms de *bâche, bacel, bachellerie*, signifiant *petit fief de peu d'étendue.*

Berchère (La) : de l'allemand *al berk*, lieu fermé, qui a produit aussi les noms de *bergerie, bergère, berger*. Le mot *brebis* n'est pour rien dans la formation de ces noms.

Boncourt-le-Bois — Boncourt-la-Ronce : de *bon, bonne*, et de *court*, maison de culture ; le *Bois* et la *Ronce*, indiquent l'état primitif des terrains sur lesquels ces villages furent construits.

Chaume (La), sur Corgoloin : du mot *calma*, chaume, terrain couvert primitivement de chaume, herbe rare et courte.

Chaux, autrefois *Chaus* : du mot *kôs*, terrain primitivement couvert de friches. Ce nom fut tout d'abord donné à la montagne aride de Chaux.

Chevrey, section d'Arcenant : de *caper*, chèvre, parce que ce village s'adonna primitivement à l'élevage de la chèvre.

Comblanchien : de *Blancana*, maison blanche, et de *curtis*, la court. Cette maison blanche devait se trouver près de la vieille église qui devait lui appartenir.

Concœur : de *con* pour *come*, le *comes* des latins, signifiant une petite réunion de familles, et de *cœur*, nom du premier propriétaire.

Corboin, hameau de Concœur : de *cor*, cour, et de *Boin*, nom du premier propriétaire. Corboin s'est dit aussi *Carbon*, charbon, parce que ses bois furent employés à la confection du charbon.

Corgoloin, *Godlini Curtis* : de *cor*, court, et de *godlini*, godet, pour la petite mare attenant à la ferme située près de l'église et qui fut le principe du village.

Cussigny, hameau de Corgoloin : de *cotia*, dérivé de *coat* et qui signifie *bois*, *petite forêt*.

Echevronnes : anciennement *Scrabona* qui fut traduit par le mot *chèvre* qu'il signifie, par conséquent, de l'élevage de la chèvre. Echevronnes a, sur son territoire, le château de *Changey* dont le nom signifie simplement : *Propriété en champs, dans les champs.*

Flagey, hameau de Gilly : de *flaget*, sorte de fléau servant à battre les grains ; par où l'on voit qu'un battoir fut l'origine de cette petite localité.

Fussey : du vallon pris pour un grand *fossé*, que Fussey voit à ses pieds.

Gerland, autrefois *Girlens* : du nom d'un premier propriétaire appelé *Gerle*, *Girle*. L'Eglise honore deux saints nommés Gerland.

Gilly, autrefois *Gillens* : du nom d'un premier propriétaire appelé *Gilles*.

Leudieu et **Lieu-Dieu** : de *leu*, traduit postérieurement par *lieu*, qui signifie *fontaine*, et de *Dieu*, parce que cette fontaine fut réputée miraculeuse, et comme telle, très fréquentée jadis. On a dit que *Lieu-Dieu* voulait dire : *lieu consacré à Dieu* par la petite abbaye ; mais le mot *leu* est plus ancien que cette abbaye.

Longvay : de *longa*, longue, et de *via*, traduit par *vay*, voulant dire : *route*, *voie*, pour la longue voie romaine passant par Longvay.

Magny-lès-Villers : de *manile*, manoir, petit château, dont le *n* devenu gras a produit *magnil*, dont le *l* a disparu.

Marey : de la mare du village.

Meuilley, en latin *Mudiliacum* : de *mud*, *muddi*, vieux nom voulant dire *lieu humide*, *très mouillé* ; les sources et les cours d'eau sont nombreux sur le territoire de Meuilley. Le *d* de *mud* a disparu dans une prononciation rapide.

Premeaux, autrefois *Prémol* : de *pre* pour le *pré bas* que l'on voit près du village, et de *mol*, pour *mou*, *humide*, indiquant les sources qui rendent ce *pré mol*, *mou*. Premeaux s'est écrit avec un accent aigu sur le premier e qu'il contient, c'est-à-dire *Prémeaux*.

Prissey : du latin *priscus*, voulant dire *ancien*, *ancien village*.

Quincey, en latin *Quinciacus*, et plus tard *Quincy* : du nom de son premier propriétaire *Quintius*.

Saint-Bernard : nom donné au village par les religieux de Cîteaux, en l'honneur du patron de leur ordre, saint Bernard, de Fontaines-lès-Dijon.

Saint-Nicolas : du nom du patron d'un abbé de Cîteaux, créateur du village. *Cîteaux* est pour *Siteaux*, *Sistière*, du latin *sistere*, s'arrêter. Cette maison doit en effet son nom, soit à une maison de chasse où se reposaient jadis ses propriétaires, à la suite de leur chasse, soit simplement à une auberge qui dut exister sur l'un des chemins longeant la propriété de Cîteaux et où les voyageurs s'arrêtaient. Ce fut donc une erreur de dire que Cîteaux signifiait : *endroit au milieu des eaux*, puisque l'eau n'apparaît pas dans *Cistercium*, nom latin de Cîteaux. Le *C* initial du mot *Cîteaux* s'est écrit pour *S*, dans un temps où ces deux lettres s'écrivaient souvent l'une pour l'autre.

Vilars-Fontaine : de *Vilars, Vilers,* petit village, et de *Fontaine,* qui devrait s'écrire au pluriel, en raison des nombreuses fontaines du village. Le mot *Fontaine* ne fut que tardivement joint à *Vilars* qui s'écrivit tout d'abord *Vilers* simplement. A leur origine, les Vilars, Vilers ne possédaient qu'une douzaine d'habitants.

Villers-la-Faye : la *faye* joint au nom de Villers est une contraction du mot latin *fagus* qui veut dire : *le hêtre,* anciennement appelé *le foyard.* Les bois de Villers-la-Faye durent donc posséder une grande quantité de foyards.

Villebichot, autrefois *Villare Bichetum,* la villa des biches. *Bichetum* indique donc qu'une bichetière (lieu peuplé de biches pour les chasses faciles des riches propriétaires anciens de cet endroit) dut exister sur les terres, dans les bois de Villebichot.

Vosne, autrefois *Vaona :* de *va* pour le petit val, les bas-fonds du Pont-de-Vosne qui fut l'origine du village et *ona,* vieux nom de l'eau, pour les fontaines qui forment la Bornue, dont le nom dérive lui-même du mot allemand *born,* fontaine.

Vougeot, autrefois *Vooget :* de *vo,* pour *endroit bas,* et de *oget,* lieu plein d'eau.

Ces étymologies, que nous venons de donner des noms des villages du canton de Nuits, sont plus développées dans nos *Essais sur les étymologies des noms des villes et villages de la Côte-d'Or.*

—————

DICTIONNAIRE

DU

VIEUX LANGAGE DES VIGNERONS DE NUITS

———

Le langage d'un pays fait partie de son histoire. Aussi bien, notre
Histoire de Nuits serait-elle incomplète, si nous ne donnions une
certaine connaissance de celui de nos vieux vignerons.

Partout, d'ailleurs, on s'applique à fixer par l'écriture les nombreux patois parlés sur notre terre de France, et c'est un motif de
plus pour nous d'écrire le nôtre, alors qu'il tend à disparaître par
l'admission progressive de la langue officielle, enseignée dans nos
écoles primaires, à l'exclusion de toute autre et balbutiée par les
enfants et leurs pères eux-mêmes. Aucune langue, en effet, n'est
immortelle, pas plus que ne l'est la mode inconstante qui modifie
sans cesse les formes des vêtements. Que sont devenues les belles
langues latine et grecque, enseignées et parlées jadis sur notre sol,
et combien de temps vivra notre non moins belle langue, leur fille,
que l'on voit se modifier de jour en jour, par l'adoption de mots
empruntés aux langues étrangères et les néologismes de nos nou-
veaux écrivains ? La langue française d'aujourd'hui diffère déjà
beaucoup de ce qu'elle était au dix-septième siècle, et ce n'est pas
une chose peu surprenante que notre vieux patois bourguignon se
soit moins altéré qu'elle. Nos vignerons, en effet, ont conservé,
presque dans son état primitif, le langage de leurs ancêtres et ils ne
croient pas se déshonorer en continuant à s'en servir. Qui les en
reprendra ? Ce n'est pas le beau langage qui fait l'homme et le
rend meilleur ; nous en avons journellement des preuves nombreuses. Est-ce que Dieu lui-même estimera jamais plus notre
douce langue française que notre vieux bourguignon, que toutes

3.

les langues parlées actuellement sur notre globe ou que celles
qu'on y parla, dans les temps primitifs ? Nous aimons nous-même
à entendre notre patois, alors même qu'il nous étonne et nous ne
l'aimons pas moins que le français le plus correct, et volontiers nous
dirions à nos vignerons : « Conservez et continuez à parler votre
vieux patois, l'une des sources de notre langue française ! »

En effet, généralement on a cette idée fausse que le patois est
du français altéré. Non ; le patois est de beaucoup plus ancien
que le français actuel, puisqu'il était la langue des vieux Bourguignons, de leurs rois, de leurs ducs, tandis que le français actuel ne
remonte guère qu'à trois siècles ; de sorte que, sauf quelques mots
empruntés aux langues celtique et gauloise, le patois bourguignon
continue la langue déformée des peuples latins, c'est-à-dire, la
langue romane ; langue dont le français a tempéré les rudesses,
mais non sans altérer souvent ses analogies avec le latin.

Voici quelques avis à retenir pour la lecture de notre patois.

1° Nous avons supprimé des mots patois les *r* qui terminent un
grand nombre de noms et de verbes du français actuel, parce qu'ils
ne se prononcent pas dans notre vieux langage bourguignon. Ainsi
écrirons-nous, par exemple, *mingé* pour *manger* ; *peurné* pour
prunier.

2° Quand un *e* devra se prononcer à la manière latine, comme,
par exemple, dans *domine* ou comme les deux *e* par lesquels se
terminent une foule de mots féminins français, tels que *rosée*,
nous l'indiquerons par un tréma sur cet *e*, soit *ë*.

3° Quand *en* devra se prononcer *in*, nous l'indiquerons en plaçant
sur *e* un accent grave, soit *èn*. Exemples : *ènparfé* pour *imparfait* ; *ènstrure* pour *instruire*.

4° Les accents circonflexes posés sur certaines voyelles indique-
ront qu'il faut prolonger la prononciation de ces voyelles. Exemples :
ouziâ, oiseau ; *lizé*, glisser ; *mûgnié*, meunier.

5° Nous préférerons ordinairement la prononciation à l'orthographe antique, laquelle du reste, ne fut jamais bien fixée.

6° Nous indiquerons, de temps en temps, les prononciations
spéciales.

A

La lettre *a* se transforma souvent en *ai* dans la langue romane et dans les patois qui en sont dérivés, et il n'est pas rare de rencontrer cette transformation dans la langue française elle-même. Exemples : *aimer*, pour *amer* (de *amare*) ; *aiguiser*, pour *aguiser* (de *acuere*). Notre patois nuiton nous fournira de nombreux exemples de ce changement de prononciation.

Ablançoire, balançoire, avec cette différence que *ablançoire* indique mieux que *balançoire* l'action de lancer d'un point vers un autre la personne qui se tient sur l'*ablançoire*.

Aboutonné, boutonner ; *s'aboutoné*, se boutonner ; *s'désaboutoné*, se déboutonner.

Abre, arbre et grosse pièce de bois traversée de deux barres servant à la faire tourner et à mouvoir, par ses tours sur elle-même, la roue des vieux pressoirs.

Aco, abri couvert ; se mettre *à l'aco*, se garer de la pluie sous un *aco*.

Afôti, celui qui ne mange pas selon son besoin et dont la santé en souffre ; se dit aussi d'un animal.

Afuthió, petits objets de toilette ou servant à faire diverses petites choses.

Aga ! aigué ! se dit pour appeler l'attention sur une personne ou sur une chose. *Aga le !* le voici. Ce mot doit être un adoucissement de l'*eccè* des latins.

Agacia, acacia, essence d'arbre.

Agonisé d'sotize, accabler d'injures.

Ai pour *à* et pour *de*. *Vo vinrë ai bon'heure*, vous viendrez *à* ou *de* bonne heure, non tardivement.

Aï, haïr ; *j'aï, t'aï, el aï*, je hais, tu ais, il hait.

Aibreuvé, abreuver une personne ou une chose ; *aibreuvé* une cuve, un fût, se dit pour : verser et laisser un temps de l'eau dans ces objets pour en gonfler les douves desséchées.

Aich'té, acheter.

Aidyèu ! adieu !

Ailé, aller ; *ailé ai mâtre*, aller à maître.

Aîn-né, aîné.

Ainge, ange. *Anj'luss*, l'Angélus.

Ailandre, attendre.

Ai peu, et puis.

Aivan, *lëz aivan*, les dimanches de l'Avent.

Age; un homme d'*âge*, un homme âgé.

Aligolé, *aligneulé*, pinot blanc.

Alogne, alène pour percer le cuir.

Amboké, embecquer un petit enfant, un oiseau.

Amborbé, embourber.

Ambruyé, mettre en train, à l'ouvrage. *S'ambruyé*, s'élancer pour courir.

Amcharbolé, enchevêtrer ; du fil *amcharbolé* : du fil enchevêtré.

An pour *on* ; *an di*, on dit ; *an fé*, on fait.

Ancre ; on dit d'un mets qu'il est *ancre* quand il est trop épicé et qu'il prend à la gorge. Se dit aussi pour *tenace*, *obstiné*.

Ancrolé : jeter une bête périe dans un creux et la couvrir de terre. On *ancrote* aussi l'homme qu'on enterre sans cérémonie religieuse.

Andên, chenet.

And'vé, *and'cère*, en comparaison de, tandis que (du latin *adversùm*).

Anfàr, enfer.

Angaigé, engager ; *s'angaigé*, s'engager, prendre du service.

Angin (similaire de *engeance*) se dit par mépris à un enfant.

Angola, angora ; un chat *angola*.

Anne, Anne (prononcer *àn-ne*).

Annë, année (prononcer *àn-nëj*).

Annciûyé, *annuë*, ennuyé (prononcer *àn-neuyé*, *an-nué*).

Animô, au singulier comme au pluriel (prononcer *àn-nimô*) ; se dit même à l'homme peu pourvu d'intelligence.

Annô, en haut (prononcer *an-nô*). Ce même mot, prononcé de la même manière, s'emploie, de plus, pour désigner le service anniversaire que l'on fait célébrer pour l'âme d'un défunt.

Anon ! pour allons ! interjection par laquelle on excite une personne à faire une chose.

Anpigé, embarrasser. *Anpige*, entrave ; un homme qui gêne, au travail, est un *anpige*.

Anpiyé, empiler, par exemple, des paisseaux qu'on a sortis de terre.

Anpoiché, empêcher ; *anpoich'man*, empêchement.

Anpoi'zné, empoisonner.

Anpoigne, poignée d'un objet , *anpoigné*, prendre, saisir une personne ou une chose, de manière à la bien tenir. *É s'à fé anpoigné* se dit d'un malfaiteur arrêté par la justice.

An por, en échange de...

Anpôtré, embarrassé par un obstacle.

Anprôté, emprunter une chose.

Ansaiché, ensacher.

Ansorsalé, ensorceler, jeter un sort à quelqu'un. Beaucoup de gens croient encore à l'ensorcelage.

Ansôré ; s'ansôré, fuir au plus vite, pour éviter d'être arrêté.

Anté, faire une *ante*, c'est-à-dire, une greffe. *Anté* se dit aussi pour *entier*, dans cette locution : *teut anté*, tout entier.

Antissé, faire des *tisses*, des amas de gerbes de blé, de foin, etc.

Antômé, entamer ; *antômé* une miche de pain ; *antômé* se dit encore adjectivement d'une partie du corps qu'une plaie a déchirée.

Antremé, *antremi*, au milieu de...

Anvâlé, enflammé. On dit d'un feu qu'il est *enrâlé* quand il commence à flamber.

Anvé, envers ; *anvé ke*, tandis que...

Anvyé, envoyer ; *anvie-le*, envoie-le.

Anvyou, *anvyouse*, envieux, envieuse.

Apré, pour *a* et *dans*; *lai kyé al apré lai pôte*, la clé est *à* ou *dans* la porte, c'est-à-dire, dans la serrure. *Apré*, *aipré* se dit aussi pour l'adverbe *derrière*, comme dans : monter *aipré lai voêture*, monter derrière la voiture.

Argo, ongle de bœuf, de porc, etc. ; se dit aussi d'un langage incompris.

Argonié, celui qui travaille mal.

Arié contient l'idée de contrariété, de contradiction.

Armonà, almanach.

Arnote pour *annotte*, petite gesse sauvage dont les enfants recherchent la racine tubéreuse.

Arpion, doigts de pied du porc.

Arsouye, homme méprisable.

Artiss', vétérinaire.

Arvoi! arvoir! au plaisir de vous revoir.

Assassin, assassinat ; *é s'ë k'mi ein assassin*, il s'est commis un assassinat.

A's'teur, à cette heure, présentement, de nos jours, maintenant.

Atou, étou, aussi ; *moé étou*, moi aussi.

Atro, foie de porc enveloppé de sa graisse.

Avanzière, avant-hier, la veille d'hier.

Aveu, éveu, avou, évou ; aveu, éveu-lu, avec lui.

Avisé; s'avisé. Te n' t'an avis'ré pas, d'fâre s'ki, ne songe pas de faire cela, se dit à quelqu'un pour le détourner d'une mauvaise action.

Avone, avoine.

Avri, abri ; *s'mète ai l'aivri*, se mettre à l'abri du vent.

Avri, avril. Le mois d'avril ne commence guère sans que l'on donne à quelqu'un un *poisson d'avri*, c'est-à-dire, sans l'induire dans quelque erreur inoffensive, pour le plaisir de rire de lui, en le faisant aller d'un lieu à un autre. *Poisson* est, ici, la corruption du mot *passion* et une allusion indécente à la Passion de J.-C., arrivée le 3 avril, après que les Juifs eurent envoyé le Seigneur d'un tribunal à un autre et lui eurent fait faire diverses courses inutiles, par manière de dérision. Mais ceux qui donnent les *poissons d'avril* en ignorent la signification et cette ignorance les excuse quelque peu.

Aze, aise ; *el ânme sës âze*, il aime ses aises.

Az'man, aiz'man, vaisselle de ménage.

Aziye, aisé, facile, d'où dérive *môlôziye*, malaisé, difficile.

B

Bâbête, Elizabeth.

Bâyé, bâiller ; *kêkte bâye don ?* se dit de quelqu'un qui regarde sottement, en restant inactif, comme s'il bâillait d'ennui.

Bâkié, bâcler, faire une chose imparfaitement, trop à la hâte.

Balai don, balai fait de panaches de roseau.

Bale, petite corbeille qu'on appelle aussi *montre*, et dont on se sert, au marché, pour vendre les légumes.

Bal'man; ten bal'man, tout simplement.

Balonge, sorte de cuvier oblong dans lequel on amène la vendange à domicile.

Bangnière, bannière.

Barbolé dans l'iâ, barboter dans l'eau. L'on dit aussi *barbolé* des prières, pour : prier mal, sans attention.

Bâré, celui dont l'esprit est peu ouvert.

Bârère, barrière.

Bargé, *borgé*, berger ; *bargerie*, bergerie.

Bâro, petit fût servant à contenir le vin que le vigneron porte aux vignes pour s'abreuver.

Bassèn, vase à long manche servant à puiser l'eau dans un seau.

Bassèn d'or, fleur de l'anémone appelée *piépou*.

Batènme, baptême.

Batisse, Baptiste.

Bâtisse, maison en construction.

Be, bœuf.

Béhin, niais, peu intelligent.

Bèn, bien, substantif et adverbe.

Bèngnié, baigner ; *s'bèngnié*, se baigner ; ce mot contient le mot *bain*.

Bêtise, chose insensée ou de nulle importance ; *c'â eune bêtise de ran*, ce n'est rien.

Bétun, l'eau que le beurre contient et qu'il produit lorsqu'on le bat.

Beudêne, ventre (de l'allemand *beden* qui a le même sens).

Beûgne, tumeur, enflure provenant d'un coup reçu.

Beuké, bouquet, même une seule fleur.

Beurda, *beurdale*, celui ou celle qui agit précipitamment et à qui survient un accident, par suite de sa précipitation.

Beurdouyé, bredouiller ; *beurdouyou*, celui qui va trop vite et dont la langue s'embarrasse, quand il dit ou lit à haute voix quelque chose.

Beurlu, celui qui regarde de côté, et voit mal les choses.

Beursôde, ce qui reste de petits morceaux de gras de porc fondus.

Beursoiyé, faire mal un ouvrage.

Beurtale, bretelle.

Beûson, maussade, silencieux.

Beusse, bosse ; *beussu,* bossu.

Beuvre, boire ; *el ai beuvu,* il a bu ; *è beuvre* il boira.

Beûyé, regarder longuement et sottement un ... e ou une chose ; *beûyou,* celui qui regarde ainsi.

Béyé, bayé, donner.

Biâ, beau ; *bale,* au féminin.

Bian, blanc ; *biânche,* au féminin.

Bié, blé.

Bié, bief, petit canal conduisant l'eau d'une rivière sur la roue d'un moulin.

Bieû, bieûse, bleu, bleue.

Bigo, instrument de fer, à deux dents, ... r le fumier.

Bike, chèvre ; *biké,* le petit de la ch...

Biké, baiser (enfantin).

Biské, avoir du dépit.

Bile, humeur sortant des yeux.

Bitou, chassieux et celui qui ne voit pas bien.

Bizègre, un peu aigre ; se dit d'un vin qui tourne à l'aigre.

Blêmi, pâlir.

Blète, betterave.

Blo, blosse, blet, blette ; une poire *blosse* est une poire *blette.*

Blôde, blouse, habit de dessus ; on dit aussi *biôde.*

Blonde, jeune fille fréquentée en vue de l'épouser.

Blosson, fruit du poirier sauvage.

B'ni, bénir, bénit ; *pén b'ni,* pain béni ; *b'nité,* bénitier.

Bo, crapaud (onomatopée).

Bô, bois.

Bobansé, faire bombance.

Bôbô, petit mal (enfantin).

Bôche, grosses et longues perches formant comme un plafond appelé *bôché.*

Bôcho, couvercle, par exemple, d'une marmite.

Bôchon, bouchon de bouteille.

Bocon, petite bouchée.

Bocole, petite bouche (enfantin).

Bolé, crier, pleurer fort.

Bonbarde, guimbarde, petit instrument de musique dont on obtient des sons en le passant sur les lèvres.

Bond'né, fermer un fût avec une bonde.

Bóne, borne.

Bono, bonnet. *Janvié ë kate bono,* Janvier aux quatre bonnets.

Bonzome, gros poteau.

Borbe, boue.

Borguignon, Bourguignon.

Borjé, renverser, laisser tomber un excès de liquide ; un vase qu'on emplit trop *borje.*

Borjiyon, bourgeois paysan, demi-bourgeois.

Borjon, bourgeon d'arbre, de vigne.

Bou, morceau ; *bou de bó,* morceau de bois ; *bou d'pén,* morceau de pain.

Boucle, ampoules aux pieds, aux mains.

Bou d'l'an, anniversaire du jour de la mort.

Boudché, piocher la vigne ; on ne dit pas *boudché* un jardin.

Bouère, boire, piquette.

Boudyd, yaux ; *el écorche l'boudyd* se dit de quelqu'un qui estropie le français, en croyant le bien parler.

Boufe, enveloppe des grains de blé, etc., que le van a séparée des grains.

Boui, boué, buis.

Bofile ; on dit une *bofile* de turquis pour un épi de maïs, une *bofile de raisins,* pour quelques raisins attachés ensemble avec les sarments qui les portent.

Bouli, bœuf cuit dans un pot-au-feu ; la soupe au *bouli.*

Bouligué, remuer, secouer fortement.

Bouré quelqu'un : lui faire de durs reproches, le malmener ; *s'bouré* dans le travail : ne pas prendre un repos utile en travaillant ; *s'bouré* se dit aussi pour : manger avec excès.

Bourouéte, brouette ; *bourouété,* brouetter.

Boutikye, boutique.

Bout'né ; un arbre *bén bout'né* est un arbre qui a beaucoup de bourgeons à fruits ; se dit aussi des fleurs.

Bouye, vase de bois ayant la forme d'une hotte et servant à transporter le vin.

Bouzèn, grand tapage.

Brdman, bien, beaucoup. *S'à brdman fé,* c'est bien fait ; *vo m'an bayë brdman,* vous m'en donnez beaucoup.

Bramé, demander avec instance une chose que l'on désire.

Brassie, brassée, ce que les deux bras peuvent embrasser.

Bré, berceau.

Breûlé, brûler, incendier ; *é san breûlé*, ils sont incendiés.

Breusse, brosse.

Breûyo, nombril.

Brigne, Bénigne.

Brike, morceau ; *eune brike de pên*, un morceau de pain.

Brisac, celui qui brise ou déchire tout.

Bro, vase en ter-blanc dont on se sert pour le vin.

Broclô, bonde placée à la partie inférieure d'un fût. *Tire broclô*, instrument servant à extraire du fût le *broclô*.

Brousse, petite étendue de vigne restant à cultiver ; on dit aussi : une *brousse de pên* pour : un reste de morceau de pain.

Bru, bruit ; *è core cin grô bru su lu*, il court un vilain bruit contre lui.

Bruchon, vase d'osier dans lequel on fait lever la farine pétrie.

Brûlou, vent du midi.

Bruyasse, brouillard ; *è bruyasse*, il tombe de la pluie fine.

Bû, lessive.

Bûche de bó, bûche de bois (pléonasme).

Bûché, se donner beaucoup de peine pour effectuer un travail difficile.

Bûre, cruche.

Buro, pinot gris.

Butin, bien, ce qu'on possède ; *el ai du butin*, il a de la fortune, des terres, etc.

B'zin, chose d'un travail minutieux et celui qui apporte un soin excessif dans ce qu'il fait.

C

Ça, cela ; *s'è ça*, c'est cela. On dit aussi : *çai*.

Caba, bruchon.

Cabioute, petite cabane.

Cabossé, bosseler ; un vase bosselé est un vase *cabossé*.

Cabre, tige d'arbre, de vigne formant avec une autre un angle, à leur jonction ; d'où : *fâr eune cabre* est tailler une branche de manière à lui laisser deux tailles.

Cabri, petit de la chèvre.

Câgne (du latin *canis*), mauvais chien. Le mot injurieux *canaille* dérive aussi de *canis*, chien. Avoir les *câgne* se dit pour : *être courbaturé*.

Cale, abri : se mettre à la *cale* est se mettre à l'abri du vent. *Cale* se dit aussi pour *bonnet de femme*.

Calibo, châtaigne d'eau.

Câlin, celui qui flatte pour obtenir ce qu'il désire ou pour plaire.

Calo, noix et petit bonnet de femme qui se met sous la cale.

Calogné, canonnier.

Cambeûle, *cambôle*, tumeur provenant d'un coup reçu, d'une piqûre d'insecte.

Cancoin, anémone des montagnes.

Cancoire, hanneton.

Cancoiyote, fromage fondu.

Cancouine, femme qui se plaint trop et chanteuse d'église dont le chant est langoureux et semble larmoyant.

Caneçon, caleçon.

Campagne, récolte d'une année ; faire une bonne ou une mauvaise *campagne* est faire une bonne ou une mauvaise année.

Campène, *campeune*, clochette que l'on attache au cou des vaches, pour indiquer le lieu où elles paissent dans les bois. Il en est qui suspendent des *campène* aux arbres de leurs vergers, pour les avertir de la présence des maraudeurs.

Carafé, giroflée.

Carémage, céréales que l'on sème vers l'époque du Carême.

Carnié, carnassière, gibecière.

Casse, poêle à frire.

Castonade, cassonade, sucre brut de canne.

Cassûre, fracture, hernie.

Cataplame, cataplasme.

Caton, grumeau de farine.

Caye caya, chant de la caille (onomatopée).

Cayoulé quelqu'un, lui jeter des pierres.

Cazuel, fragile, qui se casse facilement.

Cènre, cendre ; *cènré*, cendre lessivée.

Certèn, se dit d'un fruit intact, surtout à l'intérieur ; un fruit n'est pas *certèn* quand il recèle un ver, de la pourriture.

Chabrake, extravagant.

Chafô, échafaudage.

Châgne, chêne.

Chaipiâ, chapeau.

Chairité, aumône.

Chaisso, drapeau dont on enveloppe les enfants au berceau.

Chaitèngne, châtaigne.

Chaithiâ, château.

Chalbrun, ciel d'été légèrement voilé par un brouillard élevé ; signe de sécheresse.

Chanblère, femme de chambre.

Chanbr'ôte, chambre haute au-dessus du rez-de-chaussée.

Chancre, ulcère cancéreux ; se dit aussi pour plaie d'arbre, de vigne, etc.

Champoi, espace où paît le bétail.

Chantoiyé, chanter à demi-voix.

Charbouyé, barbouiller d'encre, de suie, de charbon.

Charché, *sarché*, chercher.

Chassoure, petite houppe de chanvre à l'extrémité d'une corde de fouet.

Chavoigne, sorte de poisson commun.

Chéke, chaque ; *chékun*, chacun ; *teu chékun*, tous, sans exception.

Chem'në, *chev'në*, cheminée.

Chènne, chêne (prononcer *chin-ne*).

Ch'nu, mince, tout petit, maigrelet.

Chenevère, chenevière.

Chenevedye, *chenevote*, fragment de tige de chanvre.

Cheurté, *s'cheurté*, s'asseoir ; *cheurtë vo*, asseyez-vous.

Cheurtoûre, chaise.

Chêvi, venir à bout d'un travail ; *i n'an peu pâ chêvi*, je ne puis en venir à bout.

Chevriotte, petite herbe à salade.

Chêyâ, feuillage du haricot, de la pomme de terre.

Chêyeû, chailleux, filandreux. Les haricots sont dits *chêyeû* quand leurs cosses sont devenues dures et non mangeables.

Chêyo, caillou de silex.

Chiche se dit pour *sèche* (du latin *sicca*), dans *poire chiche*.

Chifre, opération quelconque de calcul ; *j'è fini mai chifre*.

Chique de pén, gros morceau de pain.

Chiké, manger fortement.

Chipé, dérober.

Chipoté, *s'chipoté*, être en contestation avec quelqu'un pour peu de chose.

Chligne, chenille.

Chni, grain de poussière ; se dit aussi des balayures.

Chnóve, *chnóvre*, chanvre.

Chôdère, chaudière.

Chodo, *chodote*, quelque peu, suffisamment chaud.

Chógriyure, inflammation de la peau, sous l'action d'un fort soleil.

Choiché, sécher ; on dit d'une personne très maigre qu'elle est *choiche*.

Choichon, paisseau usé qui n'est plus bon qu'à être brûlé.

Chôsse, bas ; *s'chôssé*, mettre ses bas.

Choué, tomber.

Chouégne, bouse de vache, etc.

Chou-grà, sorte d'oseille sauvage.

Chouigné, pleurnicher.

Chóvo, *chovid*, ancienne mesure pour les liquides.

Chuté, tomber en faute.

Ch'vô, cheval, au singulier comme au pluriel.

Ch'volé, tige de vigne couchée en terre, pour qu'elle y devienne un cep.

Ciré un raisin, une branche de cerisier, de groseillier, est en détacher les fruits en bloc, en les passant vivement entre les doigts.

Clà, *kid*, feu follet, gaz enflammé, suivant parfois, dans la nuit, ceux qui marchent. On prenait, jadis, un *clà* pour l'âme d'un défunt ; d'où l'on ne le voyait qu'avec effroi.

Clive, crible ; *cliré*, passer au crible.

Clivûre, criblure, les mauvaises graines que le crible sépare des bonnes.

Cman, comme et comment ; *fé cman s'ki*, fais comme cela ; *cman k'te di ?* comment dis-tu ?

Cmandé, commander ; *cmand'man*, commandement, ordre donné.

Cman é fô ; l'on dit de quelqu'un qui est bon et sans reproche : *èl à bèn cman é fô*.

Cmansé, commencer ; *cmans'man*, commencement.

Cmeude, commode, facile.

Co, coup ; *è m'ai bèyé dë co*, il m'a frappé plusieurs fois.

Co, insecte parasite de la laine.

Co ; ein co, une fois ; *deû co*, deux fois, etc.

Coco, œuf (terme enfantin). *Coco* se dit aussi pour *Jacques*.

Coigné ; s'coigné, se mettre dans un coin.

Cokél, petit vase de fonte, avec queue, servant à faire cuire les aliments.

Cokriye, coquille ; *cokryé*, boursouflé.

Colidor, corridor.

Combèn, combien ? quelle quantité ? quel prix ?

Condûre, conduire ; *condûre*, se conduire, diriger sa vie.

Confondre, gâter, souiller ; l'on dit d'un vêtement détérioré : *el à confondu*.

Congéssion, congestion ; *congéssioné*, celui qui a un coup de sang dans la tête.

Consékan, important ; *s'nâ pâ consékan*, c'est peu de chose.

Consó, mélange de froment et de seigle.

Constrûre, construire ; *constru*, construit.

Contan ; son contan ; mingé teu son contan, manger selon sa faim ; *mingé teu son sou* a la même signification, mais est plus familier.

Cor, cour.

Coraman, couramment ; un enfant lit *teu coraman*, quand il lit sans hésiter, sans se répéter.

Cordangnié, cordonnier.

Corë, on désigne par ce mot le cœur, le foie et les poumons du porc.

Corniote, petit gâteau triangulaire.

Corporé ; bèn corporé, bien bâti de sa personne.

Corle, courge.

Cossu, élégamment vêtu.

Côti, côtes de porc dont on a enlevé la plus grande partie de la chair.

Cot'rie, bande de vendangeurs.

Côtron, habitant de la Côte.

Coûe, queue.

Couayé, crier, pleurnicher à grand bruit.

Couchon, porc ; le cochon, pour ceux qui n'osent pas prononcer ce nom, est un *abiyé d'soîe,* les plus libres dans leur langage disent : *not'mossieu.*

Coucou ; *merde d'coucou,* sorte de gomme qui suinte de certains arbres, par exemple, du cerisier, du pêcher et dont les enfants sont friands.

Coucoulëcou, chant du coq (onomatopée).

Coudre, coudrier.

Coudu, participe passé du verbe *coudre.*

Couigné, pleurnicher ; se dit aussi du craquement des souliers neufs.

Coulâ, Nicolas.

Coulâre, colère, substantif et adjectif.

Coûlou, couloir pour passer le lait.

Counâtre, connaître ; *counâssance,* savoir et personne que l'on connaît intimement.

Coupro, keupro, couperet.

Courandié, enfant qui sort trop souvent de la maison paternelle.

Courâyé, sortir souvent de la maison paternelle, pour aller çà et là, sans motif que celui de se récréer.

Courége, corége, courage.

Couréjou, se dit d'un enfant qui a la mine fraîche et se porte bien.

Couri, courir, s'enfuir ; *ve tu couri !* manière de chasser un chien ou un enfant ennuyeux.

Coûryé, couryère, coureur, coureuse ; se dit en mauvaise part.

Coutance, prix d'une chose.

Couté, keuté, côté.

Couthiâ, couteau ; *couthiâ d'mié,* rayon de miel.

Couthiyon, keuthiyon, cotillon, vêtement de femme.

Coutre, coude.

Coutrie d'fi, aiguillée de fil.

Couturère, couturière.

Couvèrt, toiture de maison.

Couvèrte, couverture de lit.

Couvo, marmite qu'on emplit de braise et de cendre et sur laquelle on tient ses pieds pour n'y avoir pas froid. Les femmes d'un quartier s'assemblaient, il y a peu de temps encore, les soirées d'hiver, dans des celliers ou dans des caves où chacune apportait son *couvo.*

Couzé ; s'couzé, se taire.

Côze, motif, le pourquoi ; *ai côze ?* pourquoi ? Un enfant à qui l'on demande le motif d'une mauvaise action qu'il a commise et qui hésite de le faire connaître, se contente de répondre : *ai côze !*

Côzé, parler ; *cózou*, celui qui parle trop et mal à propos ; *côzéte*, conversation récréative.

Crâ, corbeau (onomatopée) et cri des mal élevés au passage d'un prêtre. Saint Augustin, qui vivait au quatrième siècle, explique ainsi ce cri injurieux : quand un prêtre invitait quelqu'un à se convertir, souvent celui-ci, qui n'était pas pressé de le faire, lui répondait : *cras !* mot latin voulant dire : *demain*, pour : *je me convertirai demain.* Ce cri n'est donc pas nouveau, pas plus qu'il n'est compris de ceux qui le profèrent.

Craîchie, écume de beurre.

Craîché, cracher. On dit d'un enfant qui ressemble à son père : *s'à son père teu craîché*, c'est son père tout craché ; mais, dans cette locution, *craîché* voulant dire *semblable* doit n'avoir rien de commun avec *craîché*, craché. *É no craîche dessu*, il nous méprise.

Crâne ; du crâne vin, du vin solide, excellent. On dit d'un malade : *è n'à pâ crâne*, et d'un acte de ladrerie ; *s' n'à pâ crâne.*

Crasse, crasseux, avare ; *el è crasse*, il est avare.

Crênme, crème.

Crênse, criblures du blé.

Crèpe, crête de montagne.

Crêpyâ, sorte d'aliment de farine frite à l'huile.

Creupton, ai creupton, baissé sur ses genoux ployés.

Creuvézon, mort d'un animal.

Créyôle, crédule.

Creuze, coquille d'œuf, de noix, etc.

Creusé, creuzo, petite vaisselle profonde, petite soupière.

Crime, action criminelle ; mais, à Nuits, *crime* n'a pas toujours cette signification ; par exemple, on veut boire d'un vin délicieux, mais encore nouveau ; comme on croit que ce vin sera meilleur, quand il aura plus d'âge, on dit que le boire jeune est un *crime*, c'est-à-dire, un acte déraisonnable ; ainsi encore, que briser une jolie pièce de confiserie est un *crime*.

Cro, creux. On disait aussi jadis, *cro,* pour *croix;* un finage de Nuits se nomme *Crovitre,* pour : la croix d'un propriétaire appelé Vitre.

Croè, croix. On appelait, jadis, *croé d'par Dieu* la croix qu'on imprimait en tête de l'alphabet et l'alphabet lui-même. A propos de l'alphabet, on peut se demander la raison qui l'a fait appeler ainsi de deux mots grecs : *alpha* qui est pour *a* et *bétha* qui est pour *b. Croix d'par Dieu* ou l'*a, b, c* serait mieux compris des enfants qui n'ont pas à apprendre les noms des lettres grecques.

Crosse, béquille.

Crôte, croûte; *crôte de pèn. Crôte* se dit aussi pour le corps dur qui se forme sur une plaie en voie de guérison.

Croto, creux entre la tête et le cou.

Crucifié, faire souffrir quelqu'un, le fatiguer, l'ennuyer à l'excès, sans toutefois l'attacher à une croix.

Cruyèl, cruel; *s'è cruyel!* dit une mère, en parlant de la mort d'un des siens; *s'a cruyel de s'voé mômné eman s'ki!* c'est cruel de se voir ainsi malmener! dit une femme, en parlant des mauvais traitements qu'elle endure.

Cuché, coucher; *s'cuché kan lë poule,* se coucher trop tôt, à l'heure où se couchent les poules.

Cu d'singe, nèfle.

Cueupé, couper.

Curasse, cuirasse; *curassié,* cuirassier.

Cussin, coussin.

Cu'yère, cuillère; *cu'yeré,* ce que contient une cuillère.

Cuzine, cuisine; *cus'gnié,* cuisinier.

D

Da s'adjoint souvent à *voui* (oui); *vouidà,* vraiment.

Da, pour *à; s'à da lu,* c'est à lui; *s'à da lai,* c'est à elle.

Dâdo, petit lit d'enfant; *fàr son dâdo,* dormir (enfantin).

Dandi, libertin.

Dangéreu, dangereu; *dangéreu* vaut mieux que *dangereux,* puisque l'un et l'autre dérivent de *danger.*

Danné, damné (prononcer *dan-né*); *s'danné,* vivre mal.

Darte, dartre.

4

Dâryé, *dèryé*, derrière et dernier. On dit aussi *ddré*, dans les deux sens.

Davou, *dareu*, avec ; *davou*, *dareu lu*, avec lui.

Débard ; *s'ât ein bon débard* se dit quand une personne à charge quitte une maison.

Débiyé, déshabiller ; *s'débiyé*, se déshabiller.

Débond'né, enlever la bonde d'un fût.

Décêssé, avec une négation : *n'décéssé*, ne cesser ; *è n' décéssan d'côzé* se dit en parlant d'enfants qui, au lieu de travailler à leurs devoirs de classe, ne cessent de parler ensemble.

Décharbouyé, débarbouiller ; *s'décharbouyé*, se débarbouiller soi-même la figure ; on ne dit pas : *se décharbouyé* les mains.

Dédaingnou, celui qui fait mépris d'une personne, d'un mets.

Défini, définir, pour : *finir* ; *i n'peu pâ an défini*, j'ai de la peine à finir telle chose ; *por an défini*, pour en finir, pour achever une histoire qu'on raconte.

Dègne, petit paquet de tiges de chanvre.

Dégoudâyé, celui dont les vêtements sont en désordre et dont la gorge est à nu.

Dégoudzé, vomir et dire à quelqu'un de longues injures.

Dégoutâssion, action ou chose repoussante.

Dègringolé, descendre d'une hauteur plus vite qu'on ne le voudrait. Un homme *dégringole* quand sa santé, ses forces diminuent ; un élève a *dégringolé* quand il a perdu les bonnes places qu'il avait d'abord obtenues.

Dèji, déjà ; *t'voiki dèji!* te voilà déjà, sitôt !

Délavè ; un mets cuit dans une trop grande quantité d'eau et qui y a perdu de sa saveur est dit *délavé*.

Délijanté, presser quelqu'un pour qu'il se mette à l'ouvrage ; *s'délijanté*, se hâter de travailler et en travaillant.

D'lire, choisir, trier ; *d'lire dë faiviêûle*, trier des haricots.

Démangoné, dépenaillé, dont les vêtements sont décousus, en loques.

Démôlé, démêler, par exemple, du fil enchevêtré.

Dépiâlé, enlever sa peau à un animal.

Dépiyé, enlever les entraves que quelqu'un a aux pieds ; *s'dépiyé* soi-même ; *s'dépiyé* se dit aussi pour : s'affranchir, se libérer d'une foule de petits travaux, en les exécutant.

Dép'nâyé, se dit de quelqu'un dont les vêtements sont en lambeaux et qui, par là, ne semble pas vêtu; nous avons dans ce mot le *pannus*, morceau d'étoffe, des latins, un vêtement sans lequel on est *dépannâyé*, *dép'nâyé*.

Dépoiché, s'dépoiché, se hâter de commencer un travail et en le faisant.

Dèssié, scier.

Détour, entorse.

Détrûre, détruire.

Deû, deux; *deûsse*, au féminin.

Deû, dès; *deû ke*, dès que; *deû lë deuz'heure*, dès les deux heures.

Dévergondé, celui qui se débauche sans honte.

Dev'ni, devenir quelque chose; se dit aussi pour : *venir; d'là vou k'te devin ?* d'où viens-tu? *Dev'ni* s'orthographie aussi *d'veni; el â d'venu mô*, il est devenu mort, pour : *il est mort.*

Dévôlé, descendre d'une hauteur.

Dévudé, dévider, par exemple, une pelote de fil; *dévudé* la bobine, le fuseau.

Dëzandé, régulièrement, sans désemparer; *pieuché eune vègne dëzande*, piocher une vigne sans interruption de travail.

Dézerbé un terrain, en arracher les herbes.

Dézonté, déhonté, trop hardi.

Digné, dîner.

Dimoinche, dimanche.

Dingé, danger.

Dingné, daigner.

Dire. Vo dizé, vous dites; *i diré*, je dirai; *te diré*, tu diras, *é diré*, il dira; *j'dizi*, je dis; *dizi-t-il*, dit-il; *i vé vô dire*, je vais vous dire.

Disputé, s'disputé, se quereller, se dire des injures; *k'é s'dispu-tèn !* qu'ils se disputent ! laissons-les faire.

Diverse, remuant, dissipé.

Dizane, tisane.

Dizou, celui qui répète souvent une même chose et qui lasse ceux qui l'entendent.

D'moizéle, support d'un rouet, d'une bobine.

Dôdo, Claude; *Dôdon* et *Dôdine*, Claudine. Pour Claudine, on dit aussi : *Glodine;* comme on dit encore *Glaude*, pour *Claude.*

Don, donc, sorte d'adverbe augmentatif dans cette locution : *k'i seû don m'lêde !* combien je suis malade ! Dans celle-ci : *vin don*, viens donc ! il exprime une instance ; dans beaucoup d'autres locutions, *don* semble n'avoir aucun sens.

Dondon, grosse femme indolente (familier).

Douère, devoir ; *i n'ènme pâ douère*, je n'aime pas devoir.

Douleureux, douloureux (adjectif de *douleur*).

Douméje, *deuméje*, dommage et regret. L'on dit de quelqu'un qui est mort trop jeune ou qu'on aimait : *el â mó treu tó ; s'â deuméje !* il est mort trop tôt ; je le regrette.

Douyo, *douyole*, douillet.

D'peu, depuis ; *d'peu kan ?* depuis quand ?

Draijie, dragée ; quand il tombe du grésil, l'on dit qu'il tombe des *draijie*.

Dremi, dormir ; *dremou*, celui qui dort trop longtemps. A quelqu'un qui travaille nonchalamment, l'on dit : *te dreme don ?*

Dréssé, *drossé*, préparer, servir, par exemple, la soupe. On dit aussi *drossé lai tâbye*, pour *étendre la table* (une table ployante), en la relevant. Les tables ployantes étaient, jadis, plus en usage que les tables fixes, parce qu'elles tenaient moins de place que celles-ci.

Driou, celui qui porte des vêtements en lambeaux.

Drogue, chose sans valeur (n'en déplaise aux marchands de drogues et aux pharmaciens !).

Drossoire, meuble sur lequel on étale la vaisselle et dans lequel on tient fermés le pain et autres aliments.

D'so, dessous.

D'su, sur ; *d'su lu*, sur lui ; *èl é grôlé d'su zeû*, il a grêlé sur eux, c'est-à-dire, sur leurs champs, sur leurs vignes.

Du, dur ; on dit d'un pain desséché : *el â du*.

Dûr, fortement ; *traivoiyé dûr*, travailler fortement.

Duvé, édredon.

D'van, devant et avant : *d'vanzière*, avant-hier.

D'vanté, tablier de femme.

D'vinote, devinette.

Dyor, dehors (prononcer en une seule syllabe).

E

É, il, au singulier et au pluriel; *é di*, il dit; *é disan*, ils disent.

Ë, aux; *ë reigne*, aux vignes. On dit *ës*, par euphonie, devant une voyelle; *ës un, ës ôtre*, aux uns, aux autres.

Ëbèn, eh bien.

Ëbeurluté, éblouir, de manière à ne laisser voir les choses qu'à demi, confusément; *l'seulo m'ëbeurlute*, le soleil m'éblouit.

Ëboui, très étonné, très surpris.

Ëbûsé, abuser.

Écafouyé, écraser du pied.

Échaké, laisser tomber des mains, échapper.

Échalé des noix, des amandes : leur enlever leur enveloppe verte.

Echanplé; une vigne, un arbre sont *échanplés* quand leur épiderme est détérioré par la gelée. *Echanplure*, la partie gelée.

Échôdé, laver la vaisselle à l'eau chaude.

Échèye, feuille de maïs.

Échikye, écharde, petit morceau de bois qui a pénétré dans un doigt, dans la main.

Échikyé, terrain qui s'élargit et en grandit un moins large qui lui est attenant.

Éc'meudé, accommoder; *éc'meudé dës eu*, accommoder des œufs.

Écorscné une vigne : l'affranchir de ses jeunes tiges inutiles.

Écoûlé une vigne : accoler ses sarments aux paisseaux.

Écoure, battre à la grange; *écoussé*, batteur en grange.

Écouté, obéir; *é n'écoutan ran*, ils n'obéissent pas.

Écrègne, avare qui craint de faire des dépenses, même nécessaires.

Écrènmé, écremer le lait.

Écrigneûle, se dit d'un enfant très frêle et d'un cheval étique.

Écrivin, insecte nuisible à la vigne.

Édfice, fumier.

Édié; *s'édié*, s'entr'aider.

Édroi, adroit, habile; mettre une chose à l'*édroi* est la mettre comme elle doit être mise, non à l'envers.

Éfâre, affaire.

Éfrésiyé, réduire en miettes.

Éfruté, effruiter; une vigne à laquelle on fait trop produire est bientôt une vigne *éfrutë*.

Éfugie, effigie, ressemblance; on dit d'un enfant qui ressemble à son père qu'il en est l'*éfugie*.

Égaice, agace, pie.

Égaicé, agacer, presque irriter; un homme qui se lasse des impertinences de sa femme lui dit: *couse te! te m'égaice!* tais-toi, tu m'irrites.

Égledon, édredon.

É gné, il y a et il n'y a pas; *é gné lontan*, il y a longtemps; *é gné pâ lontan*, il n'y a pas longtemps.

Égouthió, petite pelle pour enlever l'eau, un reste de vin d'une cuve.

Égouziyé; s'égouziyé, s'égosiller, soit en parlant trop fort, soit en mangeant ou en buvant trop vite.

Égreumé, enlever les grains d'un raisin, les séparer de leurs pédoncules et de leurs copeaux.

Égreuné, égrener, ôter les grains de leur enveloppe.

Éguéré, égarer une chose de manière à la faire chercher; se dit aussi de quelqu'un qui semble atteint de folie ou qui s'écarte de ses devoirs. *S'éguéré*, s'écarter par inadvertance du chemin qu'on devait suivre.

Éguzé, aiguiser; *éguzé dë pessiâ*, aiguiser des paisseaux, tailler à nouveau leur extrémité inférieure.

Éguye, aiguille; *éguyë d'fi*, aiguillée de fil.

Éguzon, ce qu'on abat d'un paisseau qu'on aiguise.

Ékeume, écume.

Ékseuprë, exprès.

Ékyaté, éclater.

Ékyaîré, éclairer.

Ékyaîrsi, éclaircir; se dit notamment pour: arracher d'une planche de jardinage ce qui la rend trop touffue.

Ékyaîrsie, espace clair à travers un nuage ou après un orage.

Éleuve, élève: se dit aussi bien des petits de certains animaux que des enfants qui fréquentent une école.

Élide, éloide, éclair qui n'est pas suivi d'un coup de tonnerre.

Élmète, allumette; *élmé*, allumer; *éleume*, allume.

Élordi, étourdir ; *te m'élordi*, tu me fatigues la tête, les oreilles.

Élude ; on *élude* quand l'estomac se soulève, comme si l'on voulait vomir.

Émande, amande ; *émandyé*, amandier.

Émandé, croître, en parlant des arbres, des plantes ; on dit d'un enfant qui a beaucoup grandi dans peu de temps : *el è bén émandé.*

Émi, ami.

Émné, amener ; *j' l'émeune*, je l'amène.

En ? hein ? s'emploie pour faire répéter une chose qu'on n'a pas entendue ; il est familier ; par politesse on dit : *piai-t'i ?* pour : vous plaît-il de répéter.

Enbalé ; s'enbalé, s'emporter, se précipiter.

Enbarâ ; fâr sès enbarâ, faire l'important ; *enbarâ* se dit des personnes comme des choses.

Enbôché ; s'enbôché, s'engager pour un travail temporaire.

Endiféran, avec une négation ; *son vin n'à pâ endiféran*, son vin n'est pas mauvais. On dit aussi d'un enfant qui n'est pas sensible au bien qu'on lui fait : *el à bén endiféran.*

En don ? n'est-ce pas vrai ?

Enfectâcion, infection, chose qui sent mauvais.

Enfyé, enfler.

Engambé, enjamber.

Engreumé, celui qui souffre d'avoir mangé trop de raisins.

Engreuné quelqu'un : lui donner des graines ou des plants de légumes qu'il n'a pas encore.

Engueulé, crier de fortes injures à quelqu'un.

Enmankable, ce qui ne peut pas ne pas arriver.

Enmé, aimer ; *s'enmé*, se plaire : *é n' s'enme pâ an ville*, il ne se plaît pas à la ville.

Enmyôlé quelqu'un : lui dire des choses qui le flattent pour en obtenir une chose que l'on désire.

Enn'mi, ennemi (prononcer : *inn'mi*).

Ennuyan, ennuyeux (prononcer en deux syllabes : *en nuyan ; nuyan* en une seule émission de voix).

Enparfé, mal élevé ; *k' t'ë don enparfé !* dit une mère à son enfant qui ne fait pas ce qu'elle lui commande.

Enroué du fil, le mettre en pelote. *Être enroué*, avoir la voix gênée par un rhume.

Ensolanté, insulter, dire des insolences.

Enstrure, instruire ; on dit d'un enfant honnête : *el à bèn ènstru.*

Entàré, enterré ; *entàr'man*, enterrement.

Entèrè, dommage causé ; *fàr de l'entèrè*, faire du dégât.

Èntihèté, inquiéter ; *n' l'ènthiéte pâ*, ne sois pas inquiet.

Entortiyé quelqu'un, l'ennuyer, le séduire par des paroles qui le flattent ; *è mé entortiyé.*

Envirè, celui qui sent que la tête lui tourne.

Epanté, celui qui éprouve de l'embarras à dire ou à faire une chose ; *s'épanté*, se troubler, s'effrayer devant une difficulté.

Éparmè, *réparmè*, faire peu de dépenses, ne pas manger d'une seule fois un mets, en conserver une part pour un second repas.

Épeu, et puis ; *è peu s'ki*, et puis cela.

Épeune, épine.

Épeûyé, épeler, nommer, assembler les lettres.

Éplue, étincelle qui jaillit du feu.

Epoinché, épancher.

Épreuchan, environ, *è-y-en-è épreuchan dix.*

Épreuché, approcher ; *épreuche*, vers ; *èz épreuche de Noë*, vers Noël.

Épreupi, rendre propre, nettoyer.

Épreupriyé, *s'èpreupriyé*, s'approprier une chose.

Éprôté, apprêter ; *s'éprôté*, se préparer à dire ou à faire une chose.

Éprûe, sorbe domestique, *épruyé*, sorbier.

Épuyé, appuyer.

Épyé, chercher à surprendre un malfaiteur.

Épyé, se mettre en épis ; *l' bié à-t-èpié*, le blé est en épis.

Éràyé, endommager un objet ; on dit d'un vêtement un peu déchiré, d'un vase ébréché qu'ils sont *éràyé.*

Éré, aérer, donner de l'air.

Érègnie, araignée. On dit de quelqu'un qui a l'esprit comme voilé par une idée fixe et singulière : *el è eune érègnie dan lai tète.*

Érète, arrête, repos. On dit d'un homme qui travaille constamment : *è n'è pâ d'érète.*

Éritanse, héritage.

Érmitrage, ermitage ; *érmitre*, ermite.

Érondale, hirondelle.

Érôzé, arroser.

Ésbrouf, faire des *ésbrouf*, faire des embarras pour se distinguer.

Éscarlate, écarlate.

Éscofié, dérober adroitement.

Éssarvelé, écervelé, qui agit à la hâte, sans réflexion.

Ésséni, assainir.

Ésseufié, essoufflé, celui dont la respiration est difficile, précipitée, après une course ou un travail effectué trop à la hâte.

Ésgré, marche d'escalier (prononcer le *s*).

Éssiéte, assiette.

Éskandriye, le plus petit des abricots.

Ésklope, celui qui n'est pas libre de ses membres.

Éskinté, fatiguer à l'excès ; *s'éskinté*, se donner trop de peine en travaillant ou en parlant trop.

Ésklète, squelette ; *s'â ein vrë esklète*, se dit d'une personne très maigre.

Ésklipe, éclipse.

Éspicié, épicier ; *éspis'rie*, épicerie.

Éssourdi, assourdir ; *t' m'essourdi !* tu m'assourdis ! dit-on à un enfant tapageur.

Éstomaké ; s'éstomaké, se fatiguer la poitrine en parlant trop et trop haut.

Éstrangouyé, s'éstrangouyé; s'étrangler, en quelque sorte, en parlant trop vite, comme il arrive dans des instants de colère ou en mangeant avec trop de précipitation. Ce mot traduit le *strangulare* des latins.

Éstropique, hydropique ; *éstropizie*, hydropisie.

É'sué, essuyer ; *é'sû mén*, essuie-main.

Éta, manière d'être ; une vigne est en bon *éta*, quand elle est bien cultivée et que rien ne lui manque.

Étale, copeau, buchaille ; *étalé* un gros morceau de bois est le fendre en morceaux moindres.

Étaule, étable.

Étéche, attache, dans tous ses sens.

Étènné, étèngné, agacer, taquiner (prononcer *étin-né*).

Étergnué. A une personne qui éternue on dit : *Dyeu vô b'nisse !* La raison de ce souhait est celle-ci : dans une forte épidémie, on mourait en éternuant ; comme alors on n'avait pas le temps de procurer aux mourants les secours de la religion, pour leur en tenir lieu, autant que possible, on leur disait : *Dyeu vô b'nisse !* que Dieu vous bénisse ! On dit encore et dans le même sens : *ai vô soué !* à vos souhaits !

Ètô ; teut ètô, très étonné, comme stupéfait : *i an seû teut ètô.*

Ètoindre, éteindre ; *éloindu* ou *éloignu.*

Étômi, celui dont l'esprit est comme paralysé d'étonnement.

Ètou, aussi ; *me ètou,* moi aussi.

Ètoufé ; une pomme de terre est dite *cuite ai l'étoufé,* quand elle est cuite avec sa peau ; on dit moins bien aujourd'hui : *cuite en robe de chambre ;* en effet, quelle ressemblance y a-t-il entre une robe de chambre et la peau d'une pomme de terre ?

Ètoul, èteul, chaume, paille qui reste en terre du blé moissonné.

Ètrènghyè, étrangler (*gh* dur).

Ètrépote, attrapoire.

Ètyal, écuelle de bois.

Eu ; au singulier ; *euf,* au pluriel, contrairement à la prononciation française.

Euvé, poule, carpe, qui a beaucoup d'œufs.

Eûvre, filasse, chanvre prêt à être filé.

Euvrè, ouvrée, ancienne mesure agraire de quatre ares vingt-huit centiares. Il faut conserver ce mot beaucoup plus court que *quatre ares vingt-huit centiares.*

Eûzé, oser et user.

Évan, avant.

Évâzivé, enlever à la vigne ses *vazy,* c'est-à-dire, ses jeunes tiges inutiles.

Évèrè, chasser en les effrayant, des mouches, des oiseaux.

Éveûye, aveugle ; marcher *ai l'éveûyote,* marcher dans l'obscurité : se dit aussi pour : marcher les yeux couverts. *Éveuyè,* aveugler.

Évni, advenir ; *el évni,* il advint ; se dit aussi pour *avenir ; ai l'évni,* à l'avenir, dans la suite.

Évnûe, avenue, plantation d'arbres en allée ; se dit aussi pour l'arrivée de quelqu'un : *ai l'évnue d'Jésuss'-Cri.*

Évoi, avoir ; *j'é évu*, j'ai eu.
Évoué, avouer.

F

Le patois n'a pas le *ph* qu'il remplace par un *f*.

Faigo, *faigueu*, fagot de branches d'arbre ; se dit aussi pour : amas de médisances et de mensonges.

Faivieûle, haricot. *Faivieûle*, diminutif de *fève*, est encore français dans le mot *faviole*, donné dans les dictionnaires, bien qu'on lui préfère le mot quelque peu barbare *haricot*.

Falo, lanterne ; un vigneron préfère le mot *falot*, bien que la langue française l'ait adopté, au mot *lanterne* qui lui est presque inconnu.

Fanchon, *Fanchèle*, Françoise.

Fânne, femme (prononcer *fàn-ne* ; *fan*, comme on le prononce dans la dernière syllabe du mot *enfan*, enfant.

Fânné (prononcer *fan*, comme dans *fàn-ne*), celui qui se plaît trop dans la société des femmes.

Fanie, pour *Stéphanie*, féminin de *Stephanus*, Etienne.

Fantëzie, petites bandes de pâte frite qu'on saupoudre de sucre.

Fantôme, se dit à quelqu'un qui déplaît ou est vêtu négligemment.

Fâre, faire et dire ; les anciens employaient, en effet, le mot *fâre* pour le verbe dire : *fi-t'i*, dit-il ; *k'é m'fé*, qu'il me dit. *Fâre* une vigne est la cultiver. A l'imparfait, on dit : *i vzó*, je faisais ; *é vzèn*, ils faisaient, par le changement du *f* en *v*. Parmi ses sens très nombreux, *fare* a, notamment, celui de *simuler* : *fâre le fô*, faire le fou.

Farfouyé, mettre le désordre dans des choses où l'on en cherche une ; l'estomac *farfouye* quand il digère mal un liquide ou un mets.

Farigné, garçon de moulin.

Farmas'rie, pharmacie.

Faro, celui qui se montre fier d'être bien vêtu.

Fègnan, fainéant ; *fègnantize*, paresse.

Fèntize, feinte, dissimulation.

Feu du ciel, la foudre ; *feu* se dit aussi pour *incendie* et pour désigner quelqu'un qui est décédé ; avec ce dernier sens, il dérive du latin *fuit*, il fut ; nommons aussi le *feu de joie* que font les enfants, le premier dimanche de Carême, pour fêter le retour du soleil et de sa lumière plus vive.

Feûgné, chercher comme en flairant ; *r'feugné* (augmentatif).

Feûgnon, groin du porc et nez du chien.

Feulbèr, Philibert.

Feûtre, lisière épaisse du drap dont on fait des bretelles et des chaussures appelées des *feûtre*.

Feûvré, février.

Fèyi, faillir ; *el é fèyi m'ri*, il a failli mourir.

Fèyu, du verbe *falloir : el é fèyu*, il a fallu.

Fi, fil.

Fiance, confiance ; *i n'ai pâ d'fiance an lu*, je ne me fie pas à lui.

Fiarde, petite toupie ; on dit que la *fiarde barde* ou *dort* quand elle paraît immobile, par suite de ses mouvements rapides sur elle-même ; en cet état, la fiarde est une petite image de l'apparente immobilité de la terre.

Fifine, Joséphine.

Fi d'la Vierge, sorte de fil soyeux, produit, vers l'automne, par une petite araignée noire.

Filë, ai lai filë, sans interruption, à la suite l'un de l'autre.

Fin, finage étendu.

Fin premé, fin premier ; *finte premère*, finte première, locution dont le premier terme exclut un égal. Un enfant est fier, lorsque, revenant de l'école, il peut dire à son père et à sa mère qu'il est le *fin premier*.

Finission, la fin d'une chose, d'un travail.

Fiyète, feuillette, fût de cent quatorze litres. La feuillette semble tenir son nom du latin *folium*, feuille, à raison du peu de longueur et d'épaisseur de ses douves.

Fiyeu, filleul (comme *petit-fils*) ; *fiyole*, au féminin.

Flâ, fléau pour battre à la grange.

Flafla, faire du *flafla*, faire du luxe tapageur.

Flamusse, gâteau de farine de maïs.

Flan, pâtisserie couverte d'une sorte de fruit.

Flanké des coups, des soufflets ; *flanké* quelqu'un à la porte dans sa première signification, *flanké* veut dire *donner*; dans sa seconde, il a le sens de jeter.

Flatou, flatteur.

Flé, filer.

Fleûré, drap qui reçoit les cendres, dans le cuvier à lessive.

F'lipe, Philippe.

Fmale, femelle d'un animal, d'une plante.

Fmé, fumier et fumer.

Fmère, fumée; ceux qui veulent se distinguer disent *fumière*.

Fmou, celui qui fume trop souvent.

Fo, fou; *feûle*, au féminin.

Foâché, fâcher; *s' foâché*, se fâcher; être *foâché* se dit aussi pour être peiné, attristé, comme dans cet exemple : *el à don mo ! j'an seû bén foâché !* il est donc mort ! j'en suis bien peiné !

Fôchou, faucheur.

Foije, fane de pomme de terre.

Foiné, ramasser le foin.

Foiyâ, branche feuillée du foyard, c'est-à-dire du hêtre.

Foiyance, faïence.

Foiyar, hêtre.

Foiyen, Symphorien.

Fon, profond.

For, four.

Forche, fourche; *forchë*, ce que l'on prend d'une fois avec une forche.

Forchète, fourchette (petite fourche); *forchetë*, ce que l'on prend avec une fourchette.

Forgoné le feu, le remuer inutilement.

Fornë, fournée de pain.

Forson ; la forche est en bois, tandis que le *forson* est en fer.

Fôssé, petit morceau de bois aigu à sa partie inférieure, avec lequel on ferme un trou fait dans un fût, avec la vrille. Ce mot dérive du latin *fossus* (de *fodere*, creuser, percer) et convient mieux au trou que bouche le *fôssé* qu'au *fôssé* lui-même.

Fôssou, fèssou, instrument à manche très incliné, servant à cultiver la vigne.

Fôssoiyé, faire des fosses pour y coucher la vigne et la multiplier.

Fôte, besoin ; *el è fôte*, il a besoin, il n'a pas le nécessaire à la vie.

Fôté, tomber en faute.

Fouigné, manquer de courage pour faire une chose qui paraît difficile.

Fouirou ; parrain *fouirou*, disent les enfants à un parrain qui ne leur jette pas assez de bonbons.

Foulo, tourbillon de poussière soulevée par un vent tournant. On dit *poi foulo*, pour le poil follet des petits oiseaux au nid et *foulo d'noije*, pour : flocon de neige.

Fouré, placer sans précaution un objet, par exemple, dans un meuble. *S'fouré* dans un embarras ; dans une assemblée de personnes sans honneur ; *s'fouré* le doigt dans l'œil.

Fourège, fourrage.

Fourégé, fourrager, piétiner une récolte et en dérober une partie.

Frâché, détériorer, par exemple un vêtement, en le déchirant.

Frâgne, frêne.

Françon, Françoise.

Frëchi, se dit de l'atmosphère qui se refroidit un peu : *l'tan frëchi*.

Freman, froment.

Fremé, fermer.

Fremège, fromage.

Freméjo, mauve sauvage.

Fremi, fourmi et picotements dans quelque partie du corps.

Fremiyé, fourmiller ; *teut an fremiye*, dit-on, pour indiquer une multitude de personnes assemblées dans un lieu.

Frican, ce qui arrive fréquemment.

Fricanté, fréquenter une personne, la voir souvent.

Frico, toutes sortes de viandes cuites.

Frigolé ; faire *frigolé*, par exemple, des châtaignes dans une poêle à trous.

Frimousse, figure pleine, indiquant une bonne santé.

Fringale, faim subite, excessive.

Fripoûye, celui qui ne mérite aucune considération et vêtement sans valeur.

Friyé, brûler superficiellement, par exemple, un porc ; *friyé* s'emploie aussi substantivement : *senti l'friyé*, sentir le roussi.

Frizon, copeau recoquillé qui sort de la varlope du menuisier.

Frô, frais ; *pèn fro*, pain tout fraîchement cuit.

Frôdou, fraudeur.

Frogné ; s'frogné, faire cesser une démangeaison en pressant la main, avec agitation, sur l'endroit où on la ressent.

Fronse, rides du visage et plis rapprochés les uns des autres que les couturières font à certains vêtements de femme.

Frolé, croûte de pain frottée d'ail et coups reçus.

Frousse, grande frayeur ; *el é lai frousse*, il a la frousse.

Fru, fruit ; *fruté*, fruitier ; *fruté* se dit aussi adjectivement d'un vin qui a bien le goût du raisin et est moelleux.

Fum'ron, tison fumant et qualificatif injurieux que l'on donne à quelqu'un de malpropre.

Futène ; on dit d'un enfant qui fuit l'école pour perdre son temps à courir çà et là, qu'il fait la *futène ;* on prononce aussi ce mot : *fuitène* (du mot *fuite*).

G

Gâ (syncope de *gars*), se dit en bonne et mauvaise part : *bon gâ*, bon sujet ; *chti gâ*, très mauvais sujet.

Gaboré une personne, une chose : la couvrir d'ordures, de boue.

Gâfre, greffe.

Gâgo, gâgote, cagot, cagotte, religieux par excès. Ce mot semble dériver du grec *kakos*, mauvais ; une religion excessive est, en effet, mauvaise.

Gairçon, garçon ; au lieu de dire : *mon fils*, un vigneron dit toujours : *mon garçon*, quel que soit l'âge de son fils.

Gaite, féminin de *gai* ; *ill' à gaite*, elle est gaie ; une porte qui roule trop facilement sur ses gonds ou ne se ferme pas assez est trop *gaite*.

Galâfre, glouton.

Galopiâ, galopin, coureur de rues.

Ganbi, boiteux.

Gargouyon, aliments mal préparés ; se dit aussi du charançon qui ronge l'intérieur des pois, des lentilles.

Garguiyo, gosier du porc, du poulet, etc.

Garlo, petit étui dans lequel on garde les aiguilles, les épingles.

Garni; louer un *garni,* c'est-à-dire, un logement muni de tout ce qu'il faut pour un ménage.

Garô, guèrô, averse de pluie de courte durée.

Garôpèn, nom du fromage fort, voulant dire : *gare au pain,* parce que le fromage fort fait manger beaucoup de pain.

Gauche, maladroit qui échappe souvent ce qu'il a dans la main.

Gâzon, pierre plate servant à border des allées de jardin, à faire des cloisons, etc.

Gentile, féminin de *genti,* gentil.

Gézu, gros intestin du porc dont on se sert pour faire de gros saucissons.

Gifle; avoir les *gifle* est avoir les joues enflées près des oreilles.

Gip'ronde, blouse, nom composé de *gipe,* jupe, vêtement, et de *ronde,* à raison de la forme ronde de la *gip'ronde.*

Gniaf, savetier (ne pas faire sentir le *g* initial).

Gniangnian, niais (prononcer *nian-nian*).

Gnió, œuf qu'on laisse au nid des poules, pour les faire pondre au même endroit (prononcer *nió*).

Gniogniole, bagatelle; *s'à d'lai gniogniole,* c'est peu de chose, ce n'est rien (prononcer *nioniole*).

Gniyou, guenilleux, mal vêtu (prononcer dur le *g* initial).

Gobé une insulte, l'avaler en quelque sorte ; *te l'ai gobe !* tu la gobes ! *Gobé,* dans le langage enfantin, signifie aussi *prendre* une chose.

Godiche, godichon, drôle, niais dont on rit (familier).

Gôdron, goudron ; *gôdroné,* goudronner.

Gogole, Goton, Marguerite.

Gâjé; s'gâjé, mettre ses souliers dans l'eau qui s'y introduit.

Gôpe, femme vêtue d'une façon burlesque.

Gôné, celui dont les vêtements sont en désordre; *gôné* quelqu'un, l'accabler de reproches ou d'injures.

Gonfle, pour *gonflé;* une personne qui a trop mangé d'une chose dit qu'elle est *gonfle.*

Goniâ, vêtements usés, déchirés.

Gore, celui qui mange ce qu'il a, sans en faire part à autrui.

Gorman, gourmand ; *chien d'gorman !* (familier).

Goudyé, quelqu'un, en rire plaisamment.

Gouéſon, goujon, petit poisson.

Gouéyote, bourse.

Goûlon, gôlon, gueûlon, bouchée ; *goûlon d'pèn,* bouchée de pain.

Gouri, petit porc.

Gousso, gousset, petite poche.

Goûye, boue ; *goûya,* amas de boue.

Gouzote, serpette.

Granmerci ! les anciens ne disent jamais : *merci,* tout court. *Granmerci ke,* grâce à ce que…

Grapé, grappiller, cueillir les raisins échappés aux vendangeurs.

Gravèle, menu gravier et maladie de la pierre.

Gravolon, grosse guêpe.

Grené, se dit du porc dont la chair est tachetée de points noirs.

Grèro, vase pour le sel.

Greumi, greumiyo, petite graine fine et farine en toutes petites boules.

Greumo, greumyâ, noyau de fruit.

Greuvè ; è m'greuve, il m'est pénible…, il m'en coûte de faire telle chose. On dit aussi : *greuvè de charges,* d'impôts.

Greûzale, groseille ; *greûzalé,* groseillier ; *greûzale poûyouse,* groseille à maquereau, grosse groseille.

Gribuche ; être en *gribuche,* c'est-à-dire, être en désaccord, en contestation avec quelqu'un.

Grigné ; grigné lë dan, grincer les dents en signe de moquerie et de mécontentement.

Grimon, chiendent (herbe) ; *égrimoné,* arracher le chiendent.

Gringalé, enfant petit, malgrelet.

Gringe, grange.

Gri, légèrement ivre et celui dont les cheveux sont gris.

Griye, gril et clôture de barreaux.

Griyé ; el on griye d'anvie, il en a fortement envie.

Grô, très, beaucoup ; *grô saïran,* très savant ; *el à grô m'lède !* il est bien malade.

Grôle, grêle ; *grôlé,* grêler.

Grôlé, agiter, secouer, par exemple, un arbre, pour en faire tomber les fruits mûrs. On dit aussi d'un homme qu'il est *grôlé,* quand sa figure est tachetée de marques de vérole. On dit d'une dent ébranlée qu'elle *grôle.*

5

Grote, cerise, en général ; *grotè*, cerisier.

Grujé du sel : le piler. *Grujé* se dit aussi de celui à qui l'on a fait tort, en lui faisant payer plus qu'il ne devait.

Gruyé, grelotter, trembloter sous l'action du froid.

Gruyo, *griyo*, grillon (insecte). On appelle aussi *gruyo* la gelée de viande.

Guédon, toile grossière, couverture de lit, souvent décorée de dessins par le teinturier.

Guèje, gage, ce que l'on met en gage et ce que l'on gagne annuellement au service d'autrui.

Guèjé, gager : *guèje ke*, pour : *je gage que…* *Guèjure*, action de gager.

Guèthid, gâteau en général.

Guétou, celui qui guette, qui épie, qui écoute aux portes.

Guétgné, rester longtemps à attendre avec déplaisir.

Gueule, bouche ; *couze tai gueule !* tais-toi (grossier) ; *gueulé*, crier fort.

Gueulàr, celui qui semble crier en parlant.

Gueumé ; une chose qu'on laisse longtemps dans l'eau *y gueume*. Faire *gueumé* quelqu'un est le faire attendre longtemps, à la même place. Une maladie *gueume* quand elle couve à l'intérieur.

Gueurdin, gredin ; se dit parfois comme plaisanterie.

Gueurlu, gourmand, goulu.

Gueùrid, gueux, très pauvre.

Gueurle ; des doigts *gueurle* sont des doigts engourdis par le froid.

Gueurlotè, grelotter.

Gueurnadyé, grenadier (soldat).

Gueurné, grenier.

Gueurzi, grésil ; *gueurzillé*, grésiller.

Gueute, goute ; on dit : *i n'i voè gueute*, pour : je n'y vois rien.

Guid, glas des morts (prononcer en une seule syllabe).

Guiaïjo, iris (fleur) ; on dit aussi : *glaïo*.

Guiaice, glace ; *guiaiçon*, glaçon. *Guiaicé : et d guiaissé*, il est tout froid.

Guian, gland.

Guien, petit paquet de paille de seigle, pour accoler la vigne ; on dit aussi : *un glu*.

Guigne de pain, gros morceau de pain. *Ecoi d'la*ɩ *guigne,* avoir de la malchance.

H

Le patois n'aspire jamais la lettre *h.*

Habiyé, s'habiyé, prendre des habits de fête, les habits du dimanche.

Harbe, herbe ; *harbeù,* lieu produisant beaucoup d'herbes.

Hèrou, heureux ; *bèn hèrou,* celui à qui tout réussit.

Heûle, huile.

Heume, houme, homme. On croit que le pronom impersonnel *on* dérive de *homo,* par contraction.

Heumèje, hommage.

Heule, hotte ; *heulé,* ce que contient une hotte.

Hola ! hélas ! *Hola don !* plainte exprimant une forte douleur.

I

I, pour : *je ; i di,* je dis. *I,* pour : *le ; i vè i j'té,* je vais le jeter.

Iâ, eau.

Idè ; eune idè, très peu ; *bèyë mz'an eune idè,* donnez-m'en tant soit peu.

Igneùssan, innocent comme un enfant, faible d'esprit.

Iki, ici ; *vèn iki,* viens ici (c'est le *hic* latin).

Il, du latin *illa,* elle : *il è di,* elle a dit.

Ized, pour *z,* dernière lettre de l'alphabet.

J

Jâ, mousse qui se produit sur un vin nouveau agité.

Jaimâ, jamais.

Jâke, geai.

Jalé, geler ; *jalé,* gelée.

Janèle, narcisse (fleur) et chanlatte pour la conduite des eaux d'un toit.

Janne, Jeanne (prononcer *Jan-ne ; jan,* comme Jean).

Janse ; bèyé lë janse, faire désirer vivement à quelqu'un de manger quelque chose de bon dont on mange soi-même, sans lui en faire part. Un fruit vert, de l'oseille crue donnent les *janse*, comme en excitant les gencives.

Jardinège, ce que l'on récolte dans un jardin.

Jarjiya, pois sauvage grimpant, très commun dans les blés.

Jasmèn, jacinthe (fleur).

Javale, javelle.

Je, se dit pour : *nous*, à la première personne du pluriel des verbes : *j'alon*, nous allons ; *j' feson*, nous faisons.

Jène, marc de raisin.

Jénérô, général d'armée au singulier et au pluriel.

Jeu, lieu du poulailler où se juchent les poules.

Jeusque, jusque ; *jeusk' ai kan ?* jusqu'à quand ?

Jijiè, jiji, jabot de la volaille et des oiseaux.

Jikiè, jiulè, lancer de l'eau avec une pompe. *Jikio d'borbe*, tache de boue sur un vêtement.

Jman, jument.

Joignu, du verbe *joindre*; *j'on joignu lë deû bou*, nous sommes arrivés à vivre, sans rien devoir, au moyen d'économies.

Jokè, joguè, se morfondre à attendre.

Jor, jour.

Jor, jar, vraiment ; *s'é jor bèn biâ !* c'est vraiment bien beau.

Jornë, journée de travail ; *ailé an jornë*, aller travailler à la journée.

Jornô, journal, ancienne mesure agraire de trente-quatre ares vingt-quatre centiares.

Jôsé, Joseph.

Jouli, joli.

Joûro, celui qui se livre trop au jeu.

J'tè, jeter ; une plaie *jette* quand elle suppure.

Jtièlè, jeter à terre ou dehors, par exemple, un mets gâté.

Judru, gros saucisson de ménage.

Juè, jouer ; *è jue*, il joue ; *è juèn*, ils jouaient.

Jun, juin.

Ju'yèn, Julien.

K

En patois, le *k* et le *c* se sont écrits souvent l'un pour l'autre.

Kaibeuche, caboche, tête d'enfant qui n'apprend rien.

Kanbeûle, bosse, gonflement provenant de coups reçus, de piqûre d'insectes.

Kanse ; faire *kanse* est faire semblant de...

Kâr ; regarder de *kâr* : regarder quelqu'un de mauvais œil, parce qu'on ne l'aime pas.

Karènme, Carème ; *iai karènme*, le temps du Carême.

Karmantran, carnaval grotesquement vêtu ; se dit aussi d'une personne dont les vêtements sont mal ordonnancés ou dont la figure est malpropre.

Katécime, catéchisme.

Kâziman, quasi, presque.

Kéché, cacher ; faire une chose en *kéchote*, en évitant d'être vu ; *kéchote* se dit aussi d'une chose cachée ou qu'on ne veut pas faire connaître.

Kége, cage.

Kék, quelque ; *kékun*, quelqu'un.

Keumô, mélange de crème, d'œufs, étendu sur une pâte.

Keupé, couper.

Keûre, cuire ; *l'pên é keu*, le pain est cuit ; *keute*, au féminin ; *eune pomme keute*, une pomme cuite. On dit aussi : *eune keute de pên*, pour une fournée de pain.

Keurnôle, cornouille ; *keurnôlé*, cornouiller.

Keurson, cresson.

Keurtien, chrétien.

Keusse, cuisse.

Keûyé, cueillir.

Kéye, caille.

Kéyé, lait caillé, coagulé.

Kéyo, caillot, petite masse de sang coagulé.

Kéyou, caillou.

Kinke, cigale.

Kinson, pinson.

Kno, merisier dont les fruits servent à faire un excellent ratafia.

Kri, quérir ; *va l'kri*, va lui dire de venir ; dans *chercher* quelqu'un, *chercher* n'a pas le sens de : chercher une chose perdue.

Krikri (onomatopée), grillon (insecte).

Krotou, celui qui conserve sur sa figure des traces de vérole.

Keume, comme ; *keume k'é s'trétan !* comme ils se traitent ! en parlant de gens qui s'insultent.

Kucoté, celui qui a perdu au jeu tout ce qu'il possédait d'argent.

Kyake, claque.

Kyé, clé.

Kyéné, incliner, pencher une chose ; *s'kyéné*, se pencher.

Kyér, clair ; *è fé kyér*, il commence à faire jour ; *o kyér de lai leune*, à la clarté de la lune.

Kyeu, clou.

Kyoche, cloche ; *kyoché*, clocher. Le nom de la cloche est une onomatopée, parce qu'il indique les coups que la cloche reçoit de son battant. En anglo-saxon, la cloche se dit *claege* qui a de l'analogie avec nos mots *claque* et *claquer*, contenant l'idée de bruit. Le *glas*, son funèbre de la cloche, a sans doute, comme le nom suivant, la même étymologie.

Kyoké, cloquer, se dit du gloussement d'une poule qui demande à couver.

L

Là, lard.

Labà ! indique un lieu éloigné, même élevé.

Labourey, laboureur.

Lago, petite flaque d'eau bourbeuse.

Lai, elle, à la fin d'une phrase ; *s'è lai*, c'est elle.

Laissiâ, lait.

Laitanse, sperme de poisson.

Laithie, petit lait que donne le fromage blanc frais.

Larme, petite quantité d'un liquide ; une personne sobre à laquelle on offre de la liqueur forte dit : *béyé m's'an eune larme*.

Larmié, soupirail de cave.

Lavou pour où ; *lavou k't'é ?* où es-tu ? *d'lavou k'te d'vin ?* d'où viens-tu ?

Lacouze, laveuse.

Lâvre, lave ; *lâvère*, *lâvière*, lieu d'où l'on extrait la lave.

Lacûre, boisson composée d'eau, de son, etc., pour le bétail.

Lâyo, *lâyote*, vendangeur et vendangeuse mettant dans le même panier les raisins qu'ils cueillent.

Lé, lit.

Lèche, loiche ; *loiche de pèn*, petite tranche mince de pain.

Leu, leur, au singulier comme au pluriel ; *leus*, devant une voyelle.

Leûe, ivraie.

Leune, lune.

Léyé, lier.

Lézi, loisir.

Li pour *le lui* ; *j'li diré*, je le lui dirai.

Lico, *licou*, licol.

Ligé, léger ; *Sên Ligé*, saint Léger.

Ligno, ligneul, gros fil de cordonnier.

Likète, tranche très mince et très petite de pain.

Lire, lire ; *j'l'è li*, je l'ai lu ; *j'lizi*, je lus.

Lissive, lessive ; *lissivé* du linge.

Litère, litière.

Litô, les deux règles de bois sur lesquelles glisse la planche d'un tiroir.

Lisé, glisser.

Lizère, lisière.

L'ké, lequel ? *lè ké ?* lesquels ?

L'maice, limace ; se dit aussi d'une personne lente au travail.

Lmère, lumière.

Locance, facilité de parler (du latin *loqui*, parler).

Loké, *l'loké*, le hoquet.

Loké, instrument de fer qui sert à ouvrir une porte, en pesant du pouce sur lui.

Lolo, lait (enfantin).

Lordin, surdité passagère.

Lote, pour *leur*, comme on dit : *note* pour *nôtre*, *vote* pour *vôtre*.

Louéché, lécher.

Lu, lui, à la fin d'une phrase : *s'è lu*, c'est lui.

Luce; Sènte Luce, sainte Lucie.

Lucifèr, le diablo ; une mère irritée contre son enfant va jusqu'à l'appeler *Lucifèr.*

Lumèro, numéro.

Lussu, eau de lessive.

Luy, Louis ; *Sèn Luy,* saint Louis ; *Lùyse,* Louise.

Luzote, petite lumière ; espèce de gesse à graines luisantes qui ôte au blé de sa valeur et ver-luisant.

Lvé, lever ; *louve le,* lève-le ; *Dyeu l'vé,* l'élévation de l'Hostie, à la messe.

Lvûre, pain non cuit, fermenté, qu'on mélange à la farine pétrie, pour la faire lever.

M

Mâ, maïs.

Mâche, doucette, herbe à salade ; on dit aussi du vin qu'il a de la *mâche,* quand il a du corps.

Mâché; è n'mâche pâ s'kè veu dire, il dit crûment ce qu'il veut dire.

Mâchoiyé, mâcher lentement.

Mâchuré, celui qui a des taches accidentelles de noir.

Mâchuron, tache de noir sur les mains, sur la figure.

Madelon, Madelaine.

Mafi, ma foi, juron de femme ; *mafi vouil mafi nan!*

Maigréchine, maigre échine, personne ou animal très maigre.

Mainjé, manger ; *mainjou,* gros mangeur.

Mâ ke, lorsque ; *mâ k'vo vinré,* lorsque vous viendrez.

Malice, peine morale ; *s'ki m'fé malice,* cela me fait peine.

Malin: s'n'â pâ malin, ce n'est pas difficile, ne suppose pas beaucoup d'esprit.

Maline, féminin de *malin.*

Man, petite bourse dure des intestins des oiseaux, de la volaille.

Mancho, maladroit, comme peut l'être celui qui n'a qu'une main.

Manœuvre, manouvrier.

Manman, maman.

Mantou, menteur ; *mantouze,* menteuse.

Manterie, mensonge ; *manterie,* mot dérivé du latin *mentiri,* mentir, traduit plus à la lettre ce mot latin que *mensonge.*

Mâr, mer et pièce de bois sur laquelle reposent les fûts en cave. *Enmâré,* placer les fûts sur les *mâr.*

Mârd ; Sèn Mârd, pour saint Médard.

Mâri, peiné, contrit ; *mârie,* au féminin.

Marké ; é n'marke pâ bèn, il a mauvais air, il n'indique rien de bon sur sa figure.

Mariane, Manète, Marie.

Mari'yé, marguillier, sacristain.

Marôdou, maraudeur.

Marthiâ, marteau.

Massacre, celui qui brise tout.

Mate, un peu tiède ; de l'eau *mate,* de l'eau dont la température est peu élevée.

Mati, plateau avec rigole sur son pourtour, sur lequel on presse les raisins ; quelques vieux pressoirs ont des *mati* de pierre.

Mâtra, fumier ; *mâtrassé* une terre, la fumer.

Mâtre, maître ; *mâtrosse,* maîtresse de maison.

Maturió, matériaux, ce qui sert à construire.

Mau, mal, au singulier, comme au pluriel. Ce mot a des sens nombreux. *È y'è bèn du mau,* se dit, par exemple, d'une vigne gelée ou grêlée fortement. *Évoi bèn dë mau,* avoir bien de la peine, être obligé à des travaux difficiles et multipliés ; *èl é évu bèn dë mau d'l'évoi,* il a eu beaucoup de peine à l'obtenir. *Mau* mal, adverbe ; *s'è mau fé,* c'est mal fait.

Maubian, mal-blanc, panaris.

Maugrè, malgré ; *maugrè lu,* malgré lui.

Maugréé, manifester son mécontentement.

Maupidzan, malplaisant.

Mâzâr, insecte nuisible à la vigne.

Mâzèle, interjection exprimant la surprise et homme sans valeur.

Mâzeu, désormais.

Mâzon, maison.

Mè, pétrin.

Mè, meix, champ ou verger attenant à une maison.

Mèchan, mauvais, souffreteux.

Mécroire, ne pas croire à la parole de quelqu'un ; le français a conservé le mot *mécréant,* incrédule, dérivé de *mécroire.*

Médi, midi.

Mégnien, magnien.

Mékeurdi, mercredi, jour consacré au dieu Mercure ; d'où *mékeurdi* qui vaut mieux que *mercredi.*

Mèn, tèn, sèn, le mien, le tien, le sien ; les jeunes, croyant mieux parler que les anciens, disent : *le miène, le tiène, le siène.*

Mentni, maintenir ce qu'on a dit ; *mèntèn,* tenue du corps.

Mère, mère. On appelle aussi *mère* une pomme de terre qui a produit ses fruits.

Méri, mari ; *s'mérié,* se marier ; *è s'mérian,* ils se marient.

Mérie, Marie.

Mérichô, maréchal.

Met'nan, maintenant, de nos jours.

Meu, mot.

Meu d'vid, mou de veau.

Meûr, mûr ; *meûri,* mûrir ; *lé rázin meûrissan,* les raisins mûrissent.

Meûre, saumure dans laquelle trempe le lard.

Meurète se dit des œufs, des poissons cuits dans une sauce où le vin domine.

Meurgé, murger, petite muraille à sec.

Meusse, s'meussé, se disent d'un enfant qu'on a repris et qui garde le silence, en se cachant.

Meute, motte.

Meuton, mouton.

Meûzi, moisi.

Méye, instrument pour cultiver la vigne.

Miarle, merle.

Miélasse, mélasse, résidu du sucre raffiné.

Minâble, pauvre très mal vêtu.

Miné, s'miné, s'épuiser en faisant des choses difficiles. Ce mot traduit le verbe *minuere,* amoindrir, briser.

Minme, même ; *minme ke,* de plus, en outre.

Minon, chaton de saule, d'osier, de noyer, etc.

Minote, petite main d'enfant (familier).

Minuite, minute.

Minusrie, minuties.

Mióné, demander une chose avec instance; *mione* se dit d'une petite fille qui ne cesse de demander des friandises, des jouets...

Mirákye, miracle; il suffit qu'un évènement soit quelque peu rare pour qu'on le qualifie de *mirakye*; un enfant brise une vaisselle: *l'é fé ein bia mirakye*, tu as fait un beau miracle, lui dit ironiquement sa mère.

Missierjan, Messire-Jean, sorte de poire.

Milan, milieu; *o bon milan*, bien au milieu.

Milouche, pour *nitouche*, hypocrite qui semble n'oser toucher quoi que ce soit.

Mi'yé, sorte de gâteau à la semoule et au lait; *miyassière*, vase à faire cuire le *mi'yé*.

Miz'ráble, très pauvre et celui qui a commis un crime.

Mlèn, moulin.

Mlon, gros raisin blanc donnant un vin commun.

M'né, mener; *i meune, te meune, è meune*, qui se rapprochent plus de *mener* que: je mène, tu mènes, etc., par la prononciation.

M'nûzon, petit morceau.

Mo, parole; *grô mo*, mot injurieux.

Mó, mort; *el â mó*, il est mort; *ill'â móthye*, elle est morte.

Moéyèn, aisance, fortune; *èvoi lë moéyèn*, avoir de la richesse.

Moiss'né, moissonner.

Moiyou, meilleur.

Móldûresse, maladresse.

Móldziye, malaisé.

Mólé, mêler, mélanger; *s'mólé* d'une affaire, s'entremettre pour sa réussite.

Móli-mólo se dit de personnes et de choses très mélangées.

Monde, ce mot reste inexpliqué dans cette locution: *è trèvoèye tan k'au monde el è d'force*: il travaille autant qu'au monde il a de force.

Monde de Dieu, l'univers; *an n'è jaimâ vu s'ki au monde de Dieu*.

Mon Dieu! se dit souvent pour *hélas! Eld don teñjo m'lède?* demande-t-on en parlant d'un malade et parce qu'il continue à l'être, on répond: *Mon Dieu voui!* Dans cette réponse il y a quelque chose de plus sentimental que dans *voui*, tout court. Autre signification : on demande à quelqu'un s'il veut faire une chose et parce qu'il ne veut pas la faire, il répond ironiquement : *Mon Dieu voui*, pour *certainement non* ; dans le même sens on dit : *Prenez-y garde !*

Mondé, séparer le fruit de la noix des coquilles brisées. Ce mot dérive du latin *mundare*, nettoyer, purifier.

Montèngne, montagne ; *montèngnon*, montagnard.

Morgoné, murmurer en reprenant quelqu'un ou en se plaignant d'une chose.

Môron, mouron (petite herbe).

Moûche è myé, abeille ; *moûche* se dit aussi pour : la ruche.

Mouchoi, mouchoir ; *mouchou*, morveux, gamin.

Moufle, vessie de porc et ampoule.

Mouké ; s'mouké, s'meuké, se moquer ; *meukrie*, moquerie.

Moûre, mûre sauvage des buissons, aussi bien que le fruit du mûrier.

Moussiyon, toute espèce de moustiques, de moucherons.

Moutèle, motelle, petit poisson.

Mout n, ver de la cerise.

Môv'zan, malfaisant.

M'ri, mourir ; *è n'vo fô pâ m'ri*, ne mourez pas (bon souhait à un malade).

Mûgnié, meunier.

Muroèye, muraille.

Muziô, museau.

Myâlé, miauler, se dit du chat. *Mya'ou*, miaulement (ono-matopée).

Myé, miel.

Myo, myote, muet, muette. *Myote* se dit aussi pour : *mie de pain* et pour : *petit morceau de pain*.

N

Nâ (prononcer : *nnâ*), non.

Nâbo, se dit, par ironie, à un enfant.

Nake, mucus du nez ; *nakou*, celui qui a du mucus au nez et, par ironie, un enfant qui prend des airs d'homme.

Nan, nanni, nènni, non.

Nan-nète, Anne.

Nan s'd, locution curieuse, pour : *c'en est ; nan s'd pâ,* ce n'en est pas.

Ndcion, se dit souvent pour : *famille.*

Ndzé, rouir, faire baigner le chanvre dans l'eau ; *ndzoir,* creux d'eau où l'on fait *ndzé* le chanvre.

Néjé, nager.

Nèle, nielle, plante dont la graine déprécie le blé.

Neu, nuit ; *é fé neu,* il fait nuit.

Neûre, nuire ; *s'ki m'neu,* cela me nuit.

Neûrin, nourrisson de la truie.

Neuvale, nouvelle.

Neuvyâ, nouveau.

Neûye, les cuisses d'une noix ; *noiyon,* moitié de la *neûye.*

Neûziye, noisette.

Neûzi'ote, oseille.

Néyé ; s'néyé, se noyer ; *s'néyé,* longtemps français, valait mieux que *se noyer,* parce qu'il ne déformait pas, comme *noyer, se noyer,* le mot *né, ney,* vieux nom de l'eau dont *noyer* et *néyé* dérivent.

Ni, pour *ne le ; j'ni frè pâ,* je ne le ferai pas.

Nicould, Could, Nicolas.

Niguedouye, niais.

Nioche, niais.

Nipé, vêtu ; *èl a bèn nipé,* il est bien vêtu.

Noircitude, nuit profonde et très mauvaise action.

Noirin, noirien, raisin pinot noir.

Noirir, noircir ; *lë râzin noirissan,* les raisins noircissent. En comparant *noirir* avec *bleuir, jaunir,* etc., nous aimons mieux *noirir* que *noircir* dont nous ne comprenons pas le c.

Non, nom ; *dire dë non,* donner des surnoms offensants, des sobriquets injurieux.

Nonante, quatre-vingt-dix.

Non pd ke, ce n'est pas que...

Note, neute, nôtre.

Nou, nœud ; nous trouvons *nou* dans *nouer,* fa're un nœud, un *nou.*

Noué, noyer, essence d'arbre (prononcer en une seule émission de voix).

Nouéje, neige ; *nouéjé*, neiger.

Nouesté, noisetier.

Nourró, finage de Nuits, devant son nom, comme les *norroi* d'ailleurs, aux noyers.

Nuéje, nuage ; *nuéjeû*, nuageux.

Nun (*négation*), personne ; *é gnè nun*, il n'y a personne.

O

Ô, os ; *é n'è k'lai pid é lèz ô*, il n'a que la peau et les os, se dit en parlant d'une personne très maigre.

Obvi, morelle, plante à bois amer et sucré, tour à tour, dans la bouche.

Ôbyé, oublier.

Ofri, offrir.

Ogre, orgue et nom d'un personnage imaginaire dont on menace les enfants pour les rendre tranquilles. *Ogre* se dit aussi pour *gros mangeur*.

Oguigne, mauvais cheval, bête chétive, mal nourrie.

Ôj'deu, aujourd'hui, de notre temps.

Okeupé, occuper ; *s'okeupé*, s'occuper, travailler ; *é n'd pâ okeupé*, il n'a pas de travail à faire.

Ombréje, ombrage, crainte, gêne inspirée par la présence d'une personne qu'on n'a pas l'habitude de voir.

Onghye, ongle (prononcer dur *gh*).

Onkye, oncle. A Nuits, au lieu de *Monsieur, Madame*, les enfants disent : *mon onkye, mai tante*, même aux personnes étrangères à leur parenté ; cet usage rend les enfants plus aimants et plus respectueux envers ces personnes. A Nuits encore, on dit *oncle, tante* aux cousins et cousines du père et de la mère, et les *grand-oncle* et *grand'tante* sont les frères et sœurs des aïeux.

Onte, honte ; *èvoi onte*, être intimidé. *Ontou, ontouze*, celui, celle qui a honte d'avoir mal fait ou qu'intimide la présence d'une personne. *Èvoi onte de son père*, se dit d'un jeune homme orgueilleux, sorti de la condition de son père et qui rougit de se trouver avec lui.

Opitô, hôpital.

Orâkye, oracle, celui qui est cru sur tout ce qu'il dit.

Orchè, herser un champ ; une vigne mal cultivée est dite : *orchè*. Ce mot veut dire encore : *piétiner une terre, une vigne nouvellement cultivée*, sur laquelle il a plu.

Ordie ! exclamation par laquelle on excite au travail quelqu'un qui semble lent ou fatigué de ce qu'il a déjà fait ; *ordie* équivaut à *hardiment, courage*.

Ordon ; quand deux ouvriers piochent une vigne, chacun d'eux suit son *ordon*, c'est-à-dire, sa tâche.

Orèje, orage ; *oréjeû*, orageux.

Orlè, ourler et ourlé.

Ormyâ, orme.

Oroiye, oreille.

Ortiye, ortie.

Oreal, grosse pluie battante qui ravine les terres.

Ostrogo, homme drôle, singulier. Ce nom est pris des *Ostrogoths* qui, jadis, habitaient le nord de la Germanie. C'est ainsi que le mot trivial *bougre* est pris du nom des Bulgares et *Ogre*, de celui des Hongrois.

Ougnon, eugnon, oignon.

Oundte, honnête ; *oundt'té*, invitation à un repas.

Ous'ke ? où est-ce que...?

Ouyote, petite oie.

Ous'ran, pied et plantation d'osier.

Ouziô, ouzyâ, oiseau.

P

Paie, morceau de choix du porc.

Pairlè, parler ; *à l'n'm'an pairlè pâ*, locution signifiant : *inutile de me le dire ; je ne le sais que trop !*

Paile, patte ; se dit familièrement pour la main et le pied ; le français a conservé cette signification dans ces mots : *marcher à quatre pattes*.

Pâkè, Pâquy, pasquier, pré où l'on mène paître le bétail.

Palistre, jeu d'enfant.

Pâ moin, cependant.

Pangniâ, lambeaux de vêtement usé ; se dit aussi de ceux qui portent des vêtements déchirés.

Pâpote, *pâpcute*, bouillie que l'on donne aux petits enfants.

Paradi, reposoir du jeudi saint et de la Fête-Dieu.

Parche, perche ; *fâir lai parche*, se trouver mal et tomber évanoui.

Pardi, *pardié*, *pardiène*, sorte de juron, pour : *par Dieu*.

Pas'ke, parce que. Un enfant à qui l'on demande le motif qui l'a poussé à telle action mauvaise et qui n'ose le faire connaître, se contente de répondre : *pas'ke !*

Pâssou, passage sur un cours d'eau.

Patarou, tracas, préparatifs multipliés et faits à la hâte.

Patenâye, panais, plante potagère.

Patô, quelqu'un qui est lourd et maladroit.

Patrouyon, enfant qui patrouille dans la boue.

P'cho ; *ein p'cho*, un peu ; *ein p'cho pu*, un peu plus ; *ein p'cho pu i tombô*, un peu plus je tombais.

Pé, pis ; *tant pé*, tant pis ; les jeunes disent : *tan pire*.

Pédri, perdrix.

Pènse, pincette de cheminée.

Pènsie, pincée de sel, de tabac, etc.

Perfeu, petits hommes de pâte qu'on faisait cuire au four, aux fêtes de l'Épiphanie et avec lesquels on rendait heureux les enfants.

Peu, *peule*, laid, laide.

Peu, peur ; *el é peu*, il a peur ; *peûrou*, peureux.

Peule, pelle ; *peultê*, ce que contient la *peule*.

Peûri, pourrir et pourri ; un ciel longtemps pluvieux est un *tan peûri*.

Peurnale, prunelle ; *peurnalé*, prunellier.

Peûce, pouce.

Peurtèntène ; *couri lai peurtèntène*, se transporter en déscœuvré d'un lieu à un autre pour se livrer à des plaisirs plus ou moins illicites.

Pèye, paille ; *péyésse*, paillasse.

Pèzé, peser, appuyer fortement les mains sur un objet, pour le fixer.

Pid, peau ; *é n'é pâ peu d'sai pid*, il ne craint pas les durs travaux.

Piâre, pierre et Pierre, nom de baptême que l'on prononce aussi : *Piaro, Piéro.*

Piâyé, parler fort.

Pidzan, plaisant, agréable.

Pidzi, plaisir.

Pichenote, petit coup donné avec le doigt.

Pico, épine.

Pidance, pitance : ce que l'on mange avec le pain.

Pidié, pitié ; un Jésus à la colonne, à Nuits, s'appelle : *l'bon Dieu d'pidié; on y dit aussi : Notre Dame de Pidié*, pour : *Notre-Dame de la Compassion. É fé pidié*, il excite la pitié.

Piépou, renoncule vulgaire qui donne le *bassèn d'or.*

Pièce ; une pièce de vin, de la contenance de deux cent vingt-huit litres. *Pièce* se dit aussi pour : place : *fé me d'lai pièce*, fais-moi de la place.

Pigé, piétiner un terrain, imposer à quelqu'un des impôts onéreux.

Pigne, peigne ; *s'pigné*, se peigner ; *pigné*, volée de coups.

Piké, tinter une cloche ; *piké lai Pâssion*, tinter pendant que le prêtre récite la Passion ; *piké l'Dieu-l'vé*, tinter pendant l'Elévation de l'Hostie.

Piké quelqu'un, le blesser momtement ; *el é piké*, il est mécontent.

Piloiché, manger très peu, comme quelqu'un qui n'a pas d'appétit et semble plutôt goûter les aliments que les manger.

Piman, thym et serpolet.

Pincé, celui que la justice a saisi ; *é s'é fé pincé*, il s'est fait arrêter.

Pingé, tige de vigne enracinée.

Piôté, se dit du petit cri des poussins et des petits oiseaux dans leur nid.

Piône, pivoine.

Pipé ; n'pé câsé pipé, ne pas oser dire un mot.

Pipioté, tacheté surtout à la figure.

Pistrouye, mauvais vin.

Pile, jeune poule qui n'a pas encore pondu.

*Pitoî, pitou ; sorte de belette avide de poisson, d'œufs, de volailles. Le *pitou* s'appelle aussi : *lai bête*, la bête ; *lai bête nôz*

6

è mèngè nô poule. Il est vraisemblable que ce mot *bète* soit la contraction du mot *belette*.

Pitre, avare, non généreux.

Piye, pile ; *eune piye de pessiâ*, un amas de paisseaux.

Plançon, plant de vigne.

Plató, planche épaisse, large et longue.

Pleue, pluie ; *pleuvre*, pleuvoir ; on dit aussi : *pieue* et *pieuvre* ; *et è pleuvu lai neu*, il a plu la nuit.

Pleume, plume ; *pleumé* ; on *pleume* un oiseau et même des légumes, des pommes de terre, des raves, etc. On dit aussi : *pieume* et *pieumé*. **Pleumure**, *pieumure* de légumes, la peau qu'on leur a enlevée.

Pleûrou, pieûrou, se dit d'une personne qui, sans pleurer, se plaint habituellement de son état de gêne qu'elle exagère.

Pleuvigné ; *è pleuvigne*, il tombe de la pluie fine.

Pléyé, plier, par exemple, du linge.

Pliyé, ployer sous un fardeau ; *el è pliyé an deû* se dit d'un homme très courbé.

Plo, billot de cuisine.

Pnâ, pnâze, punais, punaise.

Pné, panier ; *pné porteû*, grand panier à vendange.

Pogne, poigne ; *pognie, poignie*, ce que la main peut tenir, en se fermant.

Poi, poil ; on dit aussi : *poi d'èrbe, poi d'serman*, pour : brin d'herbe, sarment coupé et *tiré lé poi*, pour : tirer les cheveux.

Poigèu, celui dont les cheveux sont en désordre.

Poiyé, payer.

Pôlé, repas donné après une moisson, une vendange. Ce mot semble dériver du grec *apaulia*, apaulies, voulant dire : présent, cadeau ; les Romains offraient des *apaulies* aux jeunes mariés. La *pôlé* est, en effet, un présent, puisqu'elle est un repas gratuit ; mais alors *la pôlé* devrait s'écrire *l'apôlé*.

Pomâche, mâche, valérianelle, bonne en salade.

Pone, peine morale et physique.

Popitre, pupitre.

Portan, pourtant, cependant ; *bén portan*, celui qui jouit d'une bonne santé.

Pôtenichon, fainéant qui, se tenant debout, regarde sottement ce que l'on fait.

Poto, extrémités des doigts assemblées en faisceau ; *pâ pu grô ke l'poto*, tout petit. C'est avec le *poto* qu'on fait son *mea culpa*, en récitant le *Confiteor*.

Potron, fruit rouge de l'églantier.

Pou, pour ; *pouз câ*, pour eux.

Poué, puits.

Pouéré, poirier et piquette de poires ou d'autres fruits.

Poui! fi ! poui don ! fi donc !

Pouizon, poison.

Poulo, poulet, coq.

Poulthié, celui qui vend de la volaille en gros.

Pouro, poireau ; on appelle aussi *pouro* l'ail sauvage à fleur bleue.

Pourole, petite plante à feuilles en tube dont on assaisonne certains mets.

Poussère, pousseûre, poussière.

Pousso, poussière qui sort du crible ou du van.

Pouvoi, peuvoi, pouvoir ; *el é pouen*, il a pu.

Poûye, poux ; *poûyou*, très pauvre.

Premé, premier ; l'enfant qui est le premier de sa classe dit qu'il est le *preme* (*preme* sans accent aigu sur le e final).

Prênche, pêche (fruit) ; *prênché*, pêcher.

Preû, fosse pour recevoir des sarments de vigne destinés à la multiplication de cet arbuste ; *preûzé*, faire des *preu*.

Preufi, profit, gain ; *preufité*, profiter, saisir une bonne occasion, croître, grossir ; d'une personne, d'un animal, d'un arbre qui a bien grandi et grossi on dit : *el é bén preufité*.

Preumètre, promettre et certifier : *i voз an preumé*, je vous en assure.

Preununcé, prononcé.

Preuve ke, ai preuve ke, ce qui prouve que...

Pré, prôte, prêt, prête.

Próché, proiché, prêcher, donner des conseils.

Produ, produit ; *produre*, produire.

Prope, propre ; *propté* ; propreté.

Prôté ; prêter.

Prou, assez ; *i an é prou*, j'en ai suffisamment.

Pthio, pthiote, petit, petite (adjectif); substantivement : *ein pthio*, un petit garçon; *eune pthiote*, une petite fille.

Pu, plus ; *i n'an peu pu*, je suis à la fin de mes forces ; *i n'an veu pu*, je n'en veux pas davantage. *Pu* se dit aussi pour : une humeur sortante.

Puan, insupportable, à raison de sa mauvaise conduite, de ses manières ridicules. *Puantise*, mauvaise odeur.

Puran, purante se dit des vêtements pleins d'eau ou de sueur.

Pussin, pussine, poussin, poussine.

Pus'ke, puisque.

Puté, plus tôt et plutôt ; *puté*, de meilleure heure.

Pzé, peser une marchandise ; on dit aussi : *pèsé*; *é pèze bèn*, il donne le bon poids, en parlant d'un marchand.

Q

Quate, quatre ; *quate sous*.

Qoi s'ke, qu'est-ce que? *quoi s'k'an di?* que dit-on? *qoi s'k'an fé?* que fait-on? *Qoi s'k'an fé chë veu?* comment se porte-t-on, chez vous?

Qué, ké, très gros ; à la vue, par exemple, d'un gros porc, d'un gros poisson, on dit : *el à qué*.

Queue, quoue, deux pièces de vin, contenant ensemble quatre cent cinquante-six litres.

Quoi? (tout court), interrogation adressée à une personne qui vous appelle; elle est pour : *que me veux-tu? Quoi*, à la fin d'une foule de phrases, a le sens de : *que dites-vous!* souvent il n'est qu'un remplissage sans signification, qu'un abus de parole ; telle personne ne vous dira pas trois mots sans y ajouter : *quoi?*

R

Rababouiné, rabâcher, répéter souvent une même chose.

Rabasse, pluie battante, de courte durée.

Râblé, gras et fort ; se dit de l'homme et de l'animal.

Rabobiyé, réparer vivement un objet.

Rabotou, rugueux ; un chemin *rabotou*, un chemin mal uni, pierreux.

Radotou, radoteur.

Rafisteulé, réparer un peu un objet en mauvais état.

Rafu, grand bruit, vacarme.

Ragoné, exprimer longuement son mécontentement.

Râkié, râcler ; *râkyure*, ce qu'on ôte en râclant.

Râhyé, volée de coups.

Ramoulé, repasser sur la meule pour aiguiser.

Ran, rien. Si l'on veut payer à un homme charitable un service qu'il a rendu : *s'n'â ran*, ce n'est rien, dit-il, pour témoigner le plaisir qu'il éprouve d'avoir rendu ce service. Pour qualifier un vaurien, l'on dit que *s'â cin ran ki rèye*, un rien qui vaille ; *ran ke s'ki*, seulement cela ; *ran k'an le r'gairdan, i li fé peu*, seulement en le regardant, je lui fais peur ; *s'â cin ran du teu*, c'est un rien du tout. *Rien que, rien qu'en*, non français, se disent même par ceux qui d'ordinaire parlent français.

Ranbârê, ranbouré quelqu'un : le reprendre avec des paroles dures d'un mal qu'il a fait ou voudrait faire.

Ranbrassé, embrasser, baiser.

Ranco, râle des mourants.

Ranfermi, raffermir ; une chair malade qui se guérit se *ranfermi*.

Ranguëne, redite ennuyeuse pour ceux qui l'entendent : *s'â tetjo lai mènme ranguëne*.

Ranguëné ; ranguëné së compliman ; ne pas laisser dire à quelqu'un quelque compliment sot, inutile, est lui faire *ranguëné së compliman*.

Ranmanché, mettre un nouveau manche à un outil.

Ranmené, ramener ; *i t'ranmeune*, je le ramène.

Ranpli, remplir ; *è fô t'ranpli*, il faut le remplir, en parlant, par exemple, d'un fût de vin en vidange ; *ranplissure*, ce qui sert à remplir.

Ranverdi, reverdir ; un champ desséché *ranverdi* après la pluie.

Rapo, rapid, égalité de points aux jeux de quilles, de billard ; en Gascogne, *fâr rampeou* est : faire concurrence ; en Franche-Comté, l'on dit aussi *ranpô*.

Rapoir, râpe.

Rapondre, réunir par un nœud les deux extrémités d'un fil brisé.

Rapor; ai rapor, ai rèpor de lu, en sa considération ; *ai rapor ke*, parce que...

Rapsôdé, raccommoder un linge en mauvais état; réparer un objet détérioré.

Ratatignë; une viande trop cuite, trop desséchée est dite : *ratatignë*.

Ratatouye, mets mal préparé, rebutant.

Ratrapé a plusieurs significations ; un enfant en *ratrape* un autre quand il arrive à la même taille que lui ; un élève en *ratrape* un autre en arrivant, dans ses études, au même point que lui ; on *ratrape* quelqu'un sur le chemin, en marchant plus vite que lui.

Ravassé, rêvasser.

Raviguelé, raviver ; un bon feu *raviguele* ; un mets assaisonné *raviguele*.

Ravôdeuse, celle qui, par état, raccommode le linge.

Ravoné, raves sauvages.

Ravouzeû, espèce de gros rats.

Râye, voix forte ; *el é cin bon râye*, il a la voix forte ; *râyé*, crier fortement.

Râzigno, petite plante grasse, à fleurs jaunes ou blanches, qui croît dans des terrains secs et sur les murailles.

Râzin, raisin : du latin *racemus* dont il a conservé la lettre *a*.

Râzon, raison ; *èvoi râzon*, avoir le bon droit pour soi ; se dit aussi dans le sens de : querelles, d'altercations ; *èvoi dë râzon avou kékun*, avoir des altercations avec quelqu'un.

Râzoné, s'excuser par de vains motifs de ne pas faire une chose commandée ; *è n'fô pâ tan râzoné*.

R'beûyé, regarder longuement et niaisement une personne ou une chose : *ké k'tu r'beûye don, r'beûyou ?*

R'bouré quelqu'un : lui faire des reproches.

R'caté quelqu'un : lui répondre de manière qu'il ne sache plus que dire.

R'chigné, ne plus vouloir continuer un travail commencé; se dit aussi pour : chercher à imiter les manières de quelqu'un ; dans ce dernier sens, on dit encore : *r'gègné*.

R'chôde; coucher à la *r'chôde* est coucher dans un lit non refait.

R'chôssé, couvrir le pied d'une plante d'un amas de terre ; on *r'chôsse* la vigne, les pommes de terre, le maïs, etc.

R'conôssan, reconnaissant, celui qui se souvient d'un bienfait. On donne particulièrement le nom de *r'conôssance* à un don offert pour un service rendu.

Rê, petit vase pour mesurer le lait, la crème, les graines. Remplir *rê* une mesure est la remplir jusqu'à son sommet.

Rébêti, abêtir; *è n'vo fô pâ l'rébêti*, se dit à un homme, en lui parlant de son enfant auquel il inflige de trop fréquentes corrections.

Rêchaké, recevoir dans les mains un objet qu'on vous lance ou qui tombe de haut.

Réci, éloge; faire un *gran réci* de quelqu'un est faire un grand éloge de lui.

Rêcô ! est le plus dur des noms qu'un père, irrité contre son enfant, puisse lui donner; c'est sans doute un parallèle de notre mot *racaille*.

Réconté, raconter: *koi k'te nô réconte !* dit-on à quelqu'un à la parole de qui l'on ne croit pas.

Récourci, raccourcir, par exemple, une branche d'arbre, en la taillant. Ce mot s'emploie aussi, comme substantif, dans le langage des couturières: *fâr cin récourci*.

Récousse; v'ni ai lai récousse de kékun, venir au secours de quelqu'un qui se trouve dans un grand danger.

Récrié, crier fortement; *s'récrié*, se plaindre hautement d'une chose. Une personne est *récrié*, quand de mauvais bruits circulent contre elle; dans ce sens, *récrié* est le parallèle du mot français *décrier*.

Récuron, torchon de paille ou de chiffon pour le nettoyage des marmites.

Rédure, réduire; *i scâ rêtu*, dit-on quand on est fatigué au point de ne pouvoir plus continuer un travail ou quand ce travail est achevé. On dit aussi: *rédûre lai meûre*, pour: dessécher la saumure et en retirer le sel qu'elle contient.

Réfriôdi, celui qui a peine à se réchauffer.

Régalade, plaisir que procure un bon feu, quand on revient froid du travail.

R'grigné, rider, en parlant d'une étoffe, d'un fruit. Ce mot s'emploie aussi pour: *grigné, grigné lê dan*.

Régugé, aiguiser; *régugou*, celui qui repasse sur la meule les couteaux, les ciseaux.

Réjé, rager, se dit de celui qui manifeste, avec colère, son mécontentement de ne pouvoir faire ou avoir ce qu'il veut.

Rékité ; s'rékité, s'acquitter d'une dette.

Rémâssé, ramasser, par exemple, une chose qui est sur terre ; *rémâssé du mal*, attraper du mal ; *rémâssé du foin*, des gerbes, les enlever du pré, du champ ; *é s'ë fé rémâssé*, se dit de quelqu'un qu'on a frappé rudement dans une lutte ou que la justice a saisi. *S'rémâssé*, se relever d'une chute.

Rèn (prononcer *rin*), branche d'arbre, de fagot.

Rend'man, ce que rapporte une propriété en terres, en vignes.

Rèn'ne (prononcer *rin-ne*), la reine et Reine, nom de baptême. *Sènte Rènne*, vierge martyre.

Rèn-nèle (prononcer *rin-nèle*), pomme reinette.

Rënon, ronron du chat.

Rènsé, averse de pluie reçue ; une volée de coups est aussi une *rènsé*.

Renvyé, renvoyer ; quand on est lassé d'un mauvais serviteur, on le *renvie*.

Réparmé, faire des économies, laisser une part d'un mets pour un second repas.

Rèssu, rèssûé, asséché, assécher ; *fâr rèssure*, faire sécher.

Reûe, moue ; *fâr lai reûe*, faire la moue, en signe de mécontentement.

Reûche, rûche ; *reûché*, rucher.

Reûye, rouille ; *reûyé*, rouillé.

Rêve, rave.

Rêve, rêve ; à quelqu'un qui raconte une chose fausse on dit : *te l'ë rêvé !*

Revni, revenir. Outre son sens naturel ce mot en a d'autres ; ainsi l'on dit : *s'ki n'me revin pâ*, pour : je ne m'en souviens pas. On dit encore : *s't'eume ki n'me revin pâ*, pour : cet homme ne me plaît pas ; je ne lui donnerais pas ma confiance. La ménagère fait *revni* un mets en le faisant réchauffer.

Rèvoé, posséder une chose à nouveau ; *s'rèvoé*, se ravoir, sortir d'un mauvais pas où la vie était en danger, de l'eau, par exemple, où l'on était accidentellement tombé : *é s'à rèvu !* De quelqu'un qui est en danger de mort on dit aussi : *el érè bèn dë mô d'se rèvoé*, il aura bien de la peine de s'en tirer.

Revoin, regain, seconde récolte en fourrage.

Révoéyé, réveiller ; *el à bèn révoéyé !* se dit d'un enfant gai, qui a bonne mine.

R'gardan, presque avare ; qui a peur de donner.

R'gardé, avec une négation : *è n'nô r'garde pâ*, il ne fait point de cas de nous : se dit surtout entre parents désunis.

R'gipé, se r'gipé, regimber.

Ribolé, crier, pleurer fort.

Ribole, ivresse légère ; *el à an ribole*, il est quelque peu ivre.

Riole, ruelle, passage étroit allongé.

Ripopéle, objet de mauvaise qualité, mauvais vin.

Rivére, rivière.

R'kènké ; se r'kènké, s'ajuster, se bien parer.

R'keulé, reculer ; marcher à *r'kulon*, marcher en reculant ; mettre un vêtement à *r'kulon* est le mettre à l'envers.

R'kiyé quelqu'un est rabattre son arrogance par des paroles qui l'humilient justement.

R'lan, mauvaise odeur d'une chose trop longtemps fermée.

R'liché, lécher longuement ; on *r'liche* une liqueur, par exemple, quand on la boit lentement, avec sensualité.

R'ligionnaire, celui qui suit bien sa religion.

Rloje, horloge.

R'lûre, reluire ; on dit vulgairement d'une chose que l'on désire vivement avoir ou manger qu'elle *r'lu o vantre*.

R'mdyé, remailler, refaire les mailles brisées d'un tissu.

R'mené, ramener et faire des reproches à quelqu'un, lui répondre de manière qu'il ne sache plus que dire.

R'mésse, balai fait, jadis, de brindilles de bois ; *r'messé*, balayer.

R'mercié, remercier ; si l'on accuse une personne d'un acte mauvais qu'elle n'a pas commis, elle répond ironiquement : *i vô r'mercie bèn !* Lorsqu'on rend une chose empruntée, l'on dit : *an vô r'mercian ! an vô bèn r'mercian !*

R'nâ, renard, ce que vomit un homme ivre.

R'nâkyé, r'nâklé, ne plus vouloir continuer un travail qu'on trouve au-dessus de ses forces.

R'neueyâ, le renouveau. On donne généralement ce nom au printemps, époque où la nature semble se renouveler ; mais comme l'année commençait, jadis, en mars, il est très probable que le mot *r'neurgä* s'employait alors pour désigner le *renouvellement* de l'année.

R'nuncé, renoncer. Une mère, mécontente de son enfant, va jusqu'à lui dire : *j'te r'nunce !* je te renonce !

Rô, épis de maïs encore en lait.

Rogmanté, augmenter ; quand le prix d'une chose s'est élevé, on dit qu'il est *rogmanté* ; une rivière qui croît *rogmante*.

Roid'lé, *roid'lo*, roitelet, petit oiseau.

Roie ; un fossé creusé par un cours d'eau, une raie qui partage une terre en deux champs sont des *roie*.

Rôjé, remuer, agiter ; *s'rôjé*, se remuer pour changer de place ou de position.

Roké, roter ; se dit aussi pour : *hoquet* ; *el é l'roké*, il a le hoquet.

Rôle, râteau en fer pour remuer la braise et la sortir du four.

Ronde, petit cuvier pour recevoir les eaux de la lessive, etc. Le *rondau* est plus grand que la *ronde* et sert à la fabrication du vin.

Ronjon, ce qui reste d'un morceau de pain, d'un fruit presque entièrement mangé.

Rôte, brioche en couronne et tige d'osier servant à attacher des paquets de choses diverses. Dans le second sens : « *si j'pran cune rôte !* dit un père à son enfant indocile, en le menaçant d'une correction.

Rotie, tartine de beurre, de crème, de fromage, de miel, de confitures dont on régale les enfants.

Rou, rouet à filer qu'en certains pays on appelle *filète*.

Roûlé, coups reçus et œufs teints que l'on donne aux enfants, aux fêtes de Pâques, pour jouer à la *roulé*. Dans ce jeu, l'œuf touché par un autre œuf appartient au possesseur de l'œuf qui l'a touché.

Roussi, roussir ; *santi l'roussi*, sentir le roussi, c'est-à-dire l'odeur désagréable d'un vêtement légèrement atteint par le feu.

Rousso, roussotte, celui, celle qui a le teint roux, les cheveux roux et tout ce qui tire sur le roux.

Roûyère, blouse.

R'preuché, reprocher ; *r'preuche*, reproche. En parlant d'un aliment qui digère mal et tend à remonter à la bouche, on dit : *s'ki me r'preuche.*

R'sangé, se r'sangé, changer de vêtements, par exemple, quand on est mouillé de sueur ou par la pluie.

R'soté, tressaillir ; un bruit inattendu fait *r'soté.*

R'suvre, recevoir ; *et é r'sueu,* il a reçu.

R'tûré, amasser de la terre autour d'un pied de vigne, de pomme de terre.

R'teni, retenir ; réparer un objet, un tonneau, un vêtement, etc.

R'tire, endroit pour les débarras.

R'tiré su.. , ressembler à... ; un enfant *r'tire su son père,* quand il a quelque chose de ses traits, de ses manières.

R'torné, retourné une chose ; retourner en un lieu ; *s'en-r'torné,* revenir chez soi, après une journée de travail, après un voyage.

R'troussé un vêtement, en le relevant ; on *r'trousse* aussi quelqu'un, quand on répond à ses insolences par des paroles qui l'obligent à se taire.

Râche, petit panier dans lequel on fait lever le pain (ne pas confondre la *râche* avec la *reûche* à abeilles) ; la *râche* est un parallèle de *bruchon.*

Rude, grand, important ; *ein rude sarvice,* un grand service rendu.

Rud'man, très, beaucoup ; *s'à rud'man bon,* c'est très bon. Parfois *rud'man* est remplacé par *rude,* comme dans ces mots : *trécoéyé rude,* travailler rude, pour rudement.

Ruje, rouge ; *ruji,* rougir ; *é ruji,* il a honte.

R'câmeu, raisin qui mûrit après vendange.

R'vanje, revanche ; *se r'vanjé,* prendre sa revanche.

R'varpé, se r'varpé, regimber dans une rébellion.

R'venan, personne dont l'imagination voit la ressemblance et que l'on croit sortie de sa tombe.

R'vin-z'i voi, reviens-y voir ! expression de défi ; se dit à un enfant que l'on chasse d'un endroit où on l'a surpris à mal faire, à marauder, par exemple.

R'veûyé, fouiller des objets en les mettant en désordre.

R'viré un objet, le retourner en sens inverse ; *r'viré sai veste,* changer d'opinion ; *r'viré* quelqu'un : lui répondre de manière à le faire changer d'avis ; *se r'virè*, se retourner pour revenir sur ses pas.

R'voi, revoir ; *ai vô r'voi*, se disent deux personnes parentes ou amies, en se quittant ; aujourd'hui l'on se dit *ar'voir !* qui ne vaut pas *ai vô r'voi !*

R'vômi, vomir.

R'vorché, fouiller des objets en les mettant sens dessus dessous. On *r'vorche* aussi une vigne, un champ, quand on les cultive mal.

R'vûe, nouvelle rencontre à venir ; *i san de r'vue* se dit pour : nous nous reverrons, pour terminer tel marché, par exemple.

S

Sâ, tamis.

Saba, grand bruit, vacarme ; *s'à ein saba d'anfer !*

Saboulé, secouer, malmener.

Sac de vin, ce qu'un pressoir peut contenir de raisins.

Saibo, *saibeu*, sabot. Ce nom dérive, dit-on, de *Sabaudia*, nom latin de la Savoie où l'on suppose que les sabots furent inventés.

Sâkyè, sarcler.

Saloprie, chose malpropre ; on donne vulgairement les noms de *saloprie* et de *salopyâ* à des personnes qui déplaisent.

Sanjé, changer ; *sanj'man*, changement.

Sanm'di, samedi.

Sansôrè, fuir au plus vite.

Santé, sentier.

Santi, sentir ; *santiman*, odorat.

Sârè, serrer.

Sâro, vêtement de petit enfant.

Sargo, secousse ; *sargoté*, celui qui est secoué, par exemple, sur une voiture.

Sarjé, charger ; *sarjeman*, chargement.

Sarpe, serpe.

Sarpan, serpent (se dit au féminin).

Sarvale, cervelle ; *sarvô*, cerveau, d'où vient *ésarvelé*, étourdi qui ne réfléchit pas.

Sau, sel.

S'coûre, secouer.

Séde, savoureux, en parlant du pain, d'un fruit, etc.

Sègnie, sèngnie, saignée ; *ségnié, sèngnié*, saigner ; *te m'sèngnie*, dit une personne à une autre qui l'importune et la fatigue.

Sékié, longue sécheresse.

Sélébral, cérébral ; la fièvre *sélébrale*.

Sèn lonjin, traînard, celui qui est long au travail.

Septante, soixante-dix.

Sercizan, serviable.

Seu, teet à pore.

Seûe, suie.

Seufio, soufflet pour exciter le feu.

Seufre, soufre ; *seufré*, soufrer ; les jeunes gens disent : du su:fre.

Seufri, souffrir, enduré ; *te seufre s'ki*, tu permets cela.

Seume, somme d'argent et court sommeil.

Seum'tère, cimetière.

Seupe, soupe ; *seupé*, repas du soir.

Seûyé, sureau.

Sévoé, savoir ; *s'â s'ki n'sé pâ*, se dit pour : j'ignore cela, je ne puis vous renseigner sur ce que vous me demandez.

Sèyère, salière.

Si, pour : *oui* ; *si fé*, oui, certainement.

Si 'talman, si tellement, locution dont le premier terme donne de la force au second.

Signé ; s'signé, faire sur soi le signe de la croix, son *pâtri*, son nom *du Père*.

Signeûle, manivelle à tourner pour mouvoir une machine.

Simo, lisière du drap.

Si moin, presque rien.

Sinon ke, selon que ; *sinon s'k'è m'diré*, selon ce qu'il me dira. Demande-t-on à une personne si, par exemple, elle fera telle chose, elle répond en hésitant : *s'è sinon !* c'est selon ! sans rien dire de plus.

Sirêje, cirage.

Sirujien, chirurgien.

Si vîn, six vingts, six fois vingt, cent vingt.

Sizia, ciseau.

S'ke, pour : est-ce que ? *s'ke te veu fini ?* veux-tu cesser ? dit-on à un enfant turbulent, tapageur.

S'male, semelle ; *r'semalé*, mettre à des souliers de nouvelles semelles et donner une bonne leçon à qui la mérite.

S'man, graines pour semences.

S'mâye, temps de semer.

S'mènne (prononcer : *s'min-ne*), semaine.

S'nale, senelle.

So, cep de vigne ; ceux qui croient bien parler disent : un *cèpte*.

So, sec ; *sèche* au féminin ; *du pèn so*, du pain sec.

Sodye, seigle.

Sóce, saule.

Soé, soif.

Soin, sein.

Soiyo, seau pour puiser l'eau et la conserver pour l'usage.

Sonjou, rêveur.

Sordiâ, sourd.

Sóte-bousson, saute-buisson, sorte de fauvette.

Sótrale, sauterelle.

Sou, seûle, seul, seule ; *teû sou*, tout seul ; *teute seûle*, toute seule.

Sou, cinq centimes ; un *sou d'deû sou* ; un *gró sou*, dix centimes.

Soué, haie.

Souléjé, soulager ; *s'souléjé* en prenant un aide, un remède, une bonne nourriture, etc.

Soulo, seûlo, soleil.

Soûlon, celui qui s'enivre fréquemment.

Soupiró, soupirail.

Soutèn, soutien.

Sourni ; s'sourni, se souvenir de quelqu'un, d'un événement, d'un bienfait reçu, etc. On dit aussi *s'seurni*.

Sóve, sauvé ; *el â sóve*, il est sauvé, il est guéri.

Sórêje, sauvage, celui qui maltraite sa femme, ses enfants et n'est pas sociable ; se dit aussi des arbres, des plantes à l'état de nature.

Spéctâkye, spectacle ; *béyé ein biâ spéctâkye*, donner un beau spectacle se dit ironiquement pour : *donner un mauvais exemple par un acte blâmable.*

S'tu ki, celui-ci ; *s'té ki,* celle-ci.

Su, sur et vers ; *su pié,* sur pied ; *su lë mëneu,* vers minuit.

Suche, souche ; *lai suche de Nouë* (prononcer *Nouë* en une seule syllabe), la souche de Noël si aimée des enfants.

Sufloké, suffoquer, presque étouffer, ne pouvoir parler, parce qu'on est sous une vive impression.

Sujé ; bon *sujé,* homme bon ; *morâ sujé,* homme mauvais ; *éte sujé ai sai gueule* (familier), être porté à boire, à manger au delà du nécessaire. *Sujé* se dit aussi pour : *porte-greffe.*

Sunjé, songer ; *ai koi k'te sunje don?* se dit à quelqu'un que l'on veut détourner d'une action mauvaise.

Suprênme, suprême ; *Éte suprênme,* Dieu ; un vigneron dit plutôt *l'éte suprênme* que *Dieu.*

Sûr, sûrement ; *pou sûr, bén sûr ; bén sûr ke voui, bén sûr ke si.*

Susso, petite fleur, de la famille des labiées, dont les enfants se plaisent à sucer le miel.

Suti, fin d'esprit, subtil, se dit surtout ironiquement.

Suvan lu, suivant lui, selon lui, d'après lui.

Suvre, suivre ; *su me,* suis-moi ; *seuveu,* suivi

Su'yé, siffler ; *su'yo,* sifflet.

S'vère, civière.

T

Taba, poudre noire du blé charbonné.

Tabatière, grain de blé charbonné.

Tabye, tôle, table.

Tâche roé d'fâre s'ki! locution de défi pour empêcher une mauvaise action.

Take, battoir de laveuse ; *takéte,* cliquette.

Takote, silène des champs.

Talandyé, taillandier.

Talé, meurtrir, meurtri ; *talûre,* meurtrissure.

Talibo, scorsonère, salsifis des prés.

Tan ; *l'tan,* le ciel atmosphérique ; *grô tan,* ciel orageux.

Tan ke, jeusk'ai tan ke, jusqu'à ce que.

Tardûe, cloison de briques.

Tan-né, frapper rudement une personne, un animal.

Tantô, l'après-midi ; *su l'tantô,* sur l'après-midi. Ce mot semble composé de *temps* et de *haut,* parce que, à midi, le soleil a atteint sa plus haute élévation.

Tape, soufflet reçu.

Tapé, frapper et crever ; une pomme de terre dont la peau s'est fendillée au feu est dite *tapé.*

Tapète (familier), langue ; *el è eune bonne tapète,* il a une bonne langue qui *tape* bien, sans discrétion, sur qui que ce soit.

Tarbôlé, tarbeâté, faire un gros bruit en remuant fortement des objets.

Târó, fossé.

Târoéyé, faire des fosses pour y planter de la vigne.

Tartoufe, pomme de terre.

Tartou'yé, toucher souvent et longuement une personne ou une chose ; *s'tartouyé,* se toucher honteusement.

Tâteuné, tâtonner.

Tavèn, taon.

Te, tu, toi : *t'ë,* tu es ; *t'é,* tu as.

Tèche, tache ; *téché,* tacher ; *è gné pa d'tèche suz eû,* il n'y a rien à leur reprocher.

Tènbale, vase en fer-blanc, avec anse, fermé d'un couvercle, dans lequel la vigneronne porte la soupe, aux vignes, à son mari.

Tèrë, târë, terre de déblais, boue sèche de chemin amassée.

Tergèle, targette.

Téri, tarir ; *vèche térie,* vache qui n'a plus de lait.

Térine, sorte de vase en terre.

Teu, teute, tout, toute ; *teu chèkun* : locution excluant l'exception.

Teu d'mènme, tout de même : locution excluant le doute ; *s'é teu d'mènme vrâ,* c'est réellement vrai, se dit quand on reconnaît être vraie une chose sur la vérité de laquelle on avait tout d'abord des doutes. *Mènme ke,* voulant dire : *de plus, en outre,* se rattache à cette locution.

Teu d'lon, tout le long ; *teu d'lon du ch'mèn,* sur toute la longueur du chemin.

Teu lè deû, tous deux.

Teûjo, tôjo, toujours ; *teûjo* se dit aussi pour : *cependant, néanmoins* : *è vo fô teûjo c'ni*, il vous faut néanmoins, malgré tout, venir.

Teu plèn, beaucoup ; *è san teu plèn d'monde*, ils sont en grand nombre ; *bèyë m's'an teu plèn*, donnez-m'en beaucoup. *Teu plèn* se dit encore pour : *tout plein, empli*.

Teu por in co, tout à coup, s'emploie pour exprimer quelque chose de subit.

Teurteu, tous, sans exception : *vo cinrë teurteu*, vous viendrez tous.

Teussé, tousser.

Teut è keu, tout à coup.

Tèyé, tailler.

Thiale, thiéle, tuile.

Thiathia (familier), femme parlant trop, à tort et à travers, et nom d'une espèce de fauvette.

Thiô, tuyau ; *thiô d'pleume*, tuyau de plume. On dit aussi : un *thiô d'chou*, un *thiô d'sélède*, pour la partie charnue, encore mangeable, du chou, de la salade.

Tiéno, Etienne ; *Tiénéte*, Etiennette.

Tigne, teigne.

Tignasse, tête mal peignée ; *kê tignasse !* se dit de la tête d'un enfant qui n'apprend rien.

Tignou, teigneux.

Tike, manie et mouvement convulsif.

Tikio, loquet servant à ouvrir la porte.

Tine, vase en bois, en forme de tonneau, servant à transporter le vin nouveau.

Tiré à droite, à gauche, pour : *se diriger à droite, à gauche*.

Tiré lè vèche, traire les vaches ; *tiré un fût*, le mettre en bouteilles ; *tiré d'lia*, puiser de l'eau ; *tiré sur quelqu'un* : lui ressembler un peu ; *tiré quelqu'un* : faire son portrait, et quand la table est servie, en désignant un mets prêt à être mangé, le chef de famille dit aux personnes attablées : *tiré*, pour : servez-vous.

Tireûgné, tirailler.

. *Tisse*, tas de gerbes, de foin, etc.

Titine, pis de la vache, etc.

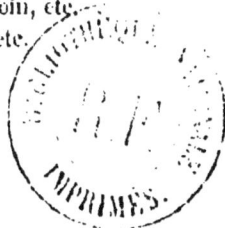

BIBLIOTHÈQUE IMPRIMÉS

7

T'ni, tenir; *t'ni co*, tenir coup, ne pas abandonner un travail avant qu'il ne soit achevé.

T'no, grand cuvier pour lessive.

Tôdi, maison malpropre où tout est en désordre.

Toignon, teinturier; *toindre*, teindre; *toindu*, teint.

Toino, Tono, Antoine; *Toinéte*, Antoinette.

Toké, heurter; *s'toké lai tête*, se heurter la tête...

Toké, toké, celui, celle qui disent des choses insensées, incohérentes.

Tokriâ, larve du hanneton.

Tote, branche de vigne réservée pour la production.

Tontine, Tonton, Jeanne.

Tope, terrain en friche.

Tôpère, taupinière.

Tor, tour, promenade, attrape.

Torche, coussinet pour porter un fardeau sur la tête.

Torê, toriâ, taureau; *torie*, génisse.

Torlorigo; boire à *torlorigo*, boire avec excès.

Torman, tourment; *tormanté*, très inquiet et fortement sollicité.

Torné, tourner; *s'torné*, se tourner.

Tossé, téter.

Toufeur, chaleur suffocante; *é fé toufeur*, on étouffe de chaleur.

Toufo, petite touffe.

Toulipe, tulipe.

Touné, teuné, tonner; *tounâr, tonâr*, tonnerre.

Tournûre; on demande à quelqu'un si un temps depuis long-temps pluvieux ou trop sec finira bientôt, et il répond: *é n'an pran pâ lai tournûre*, pour: *rien n'en donne l'indice*.

Tranbleman; *teu l'tranbleman*, amas tumultueux de personnes, de nombreux objets divers.

Tranpe, tout mouillé, se dit des personnes et des vêtements.

Tranpë, soupe de pain et de vin sucré.

Trape, jatte évasée pour recevoir le lait.

Trapon, porte horizontale fermant l'entrée d'une cave.

Traverse, vent d'ouest, chemin plus court, adversités.

Travoéyé, travailler; quand un enfant a brisé un objet, on lui dit ironiquement: *t'è bên travoéyé!*

Trè bèn, beaucoup.

Tréf, trèfle, fourrage et carte de jeu.

Trége, passage étroit.

Tréjé, passer sur une propriété en l'endommageant.

Trèn, bruit.

Trènasse, herbe dite : à cochon, très efficace, en décoction, contre les dissenteries invétérées ; se dit aussi d'une femme lente à l'ouvrage.

Trèndyé, rester en arrière des autres et courir les rues.

Tremblé ; sa fè tremblé se dit pour *beaucoup, fortement,* comme dans cette locution : *è mènje, sa fè tremblé!* il mange énormément.

Trèngndr, celui qui, en marchant, reste en arrière des autres.

Trépercé ; une pluie qui mouille un homme jusqu'à la peau le *tréperce.*

Tréssôté, tressaillir subitement sous le coup d'une surprise agréable ou désagréable.

Trèté quelqu'un, le régaler d'un bon repas ; *trèté d'aut an bâ* une personne est lui faire toutes sortes de reproches : aujourd'hui on *trète* les vignes malades.

Treûe, truie et nom d'un jeu d'enfant.

Treûfe, truffe et pomme de terre.

Treuvé, trouver ; La Fontaine disait aussi *treuvé.*

Trévu, entrevu ; *trécoé,* apercevoir confusément.

Tréye, pied de vigne courant sur un treillis de lattes ou de fil de fer duquel lui vient son nom.

Trèzi, lever, en parlant des graines, lorsqu'elles sortent de terre.

Trimé, aller vite, avec fatigue, d'un lieu à un autre.

Trinbalé, porter une chose et conduire une personne d'un lieu à un autre, sans avantage pour elle.

Trinké, choquer les verres avant de boire ; à lui seul, le mot allemand *trenken* veut dire : *boire ;* les Anglais disent : *drinking* (drinkin) de *drink,* boisson ; mots dans lesquels le choc des verres n'apparaît pas. *Si j'trinkèn !* invitation à boire, dans un repas.

Tripé, trempé d'eau, taché de boue.

Tripo, escalier, avec tablier en pierre à son sommet, devant la porte d'une maison.

Trobiyé, treubiyé, marcher d'un pas chancelant, comme un homme ivre.

Troéche, troche ; *troéché*, trocher, jeter plusieurs tiges.

Troké, treuké, maïs.

Troussel, trousseau.

Truyo, mauvaise herbe.

Tuan ; s'à tuan, pour : c'est très fatigant ; *é s'tûe d'trévoéyé*, il travaille à l'excès ! *i m'tue d'leu dire*, je ne cesse de leur dire...

Tunbé, tomber. On disait autrefois d'un conscrit ayant tiré un numéro qui l'obligeait au service militaire : *el à tunbé*.

U

Ugène, Eugène ; *Ugénie*, Eugénie.

Ukaristie, Eucharistie.

Uniman ; teut uniman, tout bonnement, tout simplement.

Ureû, heureux ; *ureûseman*, heureusement.

Urope, Europe.

Ussine, oussigne, tige d'osier dont un père menace de frapper son enfant indocile, en lui disant : *si j'pran eune oussigne !*

Ussié, huissier.

Ustache, Eustache; *Sént Ustache*, saint Eustache.

Uti, outil (du latin *utile*, chose utile).

Uyo (terme enfantin), œil.

Uzéje, usage, coutume. On dit aussi d'un vêtement solide qu'il fera un bon *uzéje*, pour dire qu'il durera longtemps.

Uzéjé, celui qui connaît et suit les habitudes d'une maison.

V

Va bèn, cela va bien ! (approbation).

Vacabon, vagabond ; se dit d'un enfant qui court les rues.

Val, vel; faire la *val*, la *vél* : voisiner, faire la causette chez les voisins.

Vanguié, celui qui fabrique des vans.

Van-né, vanner.

Vâr, vert; *varde*; verte.

Varne, vergne, vieux nom de l'arbre que nous appelons, en français, l'*aulne*.

Vârié, se dit du raisin qui commence à noircir.

Varouyé la porte, la fermer au verrou.

Vë, vers : *vë lu,* vers lui ; *vë lai,* vers elle.

Vèche, vache : *vèché,* vacher ; *aité lë vèche au chan,* conduire les vaches aux champs.

Vendeurdi, vendredi.

Vèn-ne, veine ; *el é d'lai vèn-ne,* il a de la chance ; on dit aussi : *eune vèn-ne de tàre,* une veine de terre, d'un terrain spécial.

Vëpré, l'après-midi, à partir de trois heures.

Vëpro, petit repas qui se fait à quatre heures du soir : ce qu'on appelle aujourd'hui : *faire les quatre heures.*

Vermisselé, troué par les vers ; se dit surtout des fruits.

Veûlé, voler ; *veûlou,* voleur ; s'il arrive à quelqu'un du mal qu'il a mérité : *te n'l'é pâ veûlé,* lui dit-on.

Vève, veuf et veuve.

Vèye ke vèye, vaille que vaille.

Vëyie, petit liseron sauvage ; *vëyie bombarde,* gros liseron blanc des haies.

Vieû, ami ; un homme âgé ne craint pas de dire, par amitié, à un enfant : *mon vieû.*

Vilège, village.

Vindicâcion, vengeance (du latin *vindicare*).

Virâyé, tourner longtemps, par exemple, autour d'une personne.

Virbrekèn, vilebrequin.

Viré, tourner ; la tête *vire* dans les étourdissements.

Viyonie, vilenie (expression de grand mépris).

Vizé, loucher, regarder obliquement.

Vizége, visage ; *dévizégé* quelqu'un : lui abîmer la figure et le faire connaître pour ce qu'il est réellement.

V'ni, venir ; *co vinré,* vous viendrez ; *i v'ni,* je vins ; *i vènro,* je viendrais. *V'ni* se dit aussi pour *croître* ; un enfant *vèn bèn* quand il croît bien ; se dit également, dans ce sens, d'un arbre, d'une plante.

V'noinge, vendange ; *v'noingé,* vendanger ; *v'noinj'ro,* vendangerot, petit panier qui reçoit tout d'abord les raisins cueillis.

Voé, voir ; *voéyon-voé,* nous allons voir, examinons ; *voéyon-voé* se dit aussi à un enfant, pour : vas-tu obéir ? *Voyons-voir* est une locution très en usage, même parmi les lettrés.

Voéki, voici ; *l'coéki*, le voici.

Voélà, voélà don ! hélas, hélas donc ! *coélà don* exprime une plus forte douleur que *voélà !*

Voiturey, voiturier.

Voiyé, veiller ; *voiyé*, veillée.

Vôlan, grande faucille, sans dent.

Vôlo, vâlo, valet, domestique.

Vote, vôtre ; on dit aussi : *veute*.

Vou, où ; *la vou*, même signification.

Voué, voui, pour : *oui* ; le *v* sert à accentuer la prononciation ; les étrangers reconnaissent un Bourguignon à ses *voui*. Ce mot est souvent précédé de *mais*, de *oh !* de *oh ! mais* ; mais voui ! oh ! voui ! oh ! mais *voui !* L'on dit aussi : *bén sûr que voui !*

Vouésse, vesce, plante fourragère dont les pigeons aiment la graine.

Vouida, vraiment.

Vouloé, vouloir ; *el é c'lu*, il a voulu.

Vrâ, vrai ; *vrâman*, vraiment. On dit aussi : *vrè, s'è vrè*.

Vude, vide ; *vudé*, vider.

Vuere, vivre ; *el é vieu*, il a vécu.

Vyô, vyà, veau ; *vyâlé* se dit de la vache qui a donné son veau.

Vyôle, vyeule, instrument de musique ; se dit même pour *violon, basse, contrebasse*.

V'zou, faiseur ; *ein v'zou d'anbarâ*, un vaniteux qui cherche, par ses manières, à se donner de l'importance ; se dit aussi de certains fabricants, en ajoutant le nom de la chose qu'ils fabriquent : *ein v'zou d'ail'mèle*, un fabricant d'allumettes ; *ein v'zou d'p'né*, un fabricant de paniers, etc.

Y

Yâr, liard, ancienne monnaie dont quatre faisaient un sou ; se dit aussi pour : *lierre*.

Yège, liège.

Yè, chardon blanc, sans épine, dont les lapins sont friands.

Yèrle, hièble.

Yète, tiroir d'une armoire.

Yeu, œil, au singulier comme au pluriel ; *l'yeu m'fé mô*, l'œil me fait mal.

Yièvre, lièvre.

Yôde, Claude.

Yôdo, *yôdine*, niais, niaise.

Z

Zeu, eux ; *s'à zeu*, ce sont eux.

Zozo, celui qui joue le rôle de niais.

Zute ! dire *zute !* à quelqu'un est lui dire qu'on ne le craint pas, qu'il n'aura pas ce qu'il demande. Cette expression est familière ; elle peut se traduire par : *tu peux chanter*. On passe toujours l'index sous le nez, lorsqu'on dit : *zute !* Un parallèle de *zute* est *heurnike*.

Ce dictionnaire ne contient pas tous les mots du langage nuiton dont un grand nombre sont français ; nous n'y avons donné que ceux qui s'éloignent plus ou moins du français académique par leur prononciation ou que la langue officielle n'a pas adoptés. On ne doit pas, du reste, oublier que le langage des cultivateurs et des vignerons ne contient guère que les mots désignant leurs travaux et les objets le plus à leur usage et avec lesquels ils sont le plus en contact ; que les cultivateurs et les vignerons, n'ayant pas à se servir souvent des mots scientifiques, par exemple, n'éprouvent nullement le besoin de les adopter.

Sans vouloir faire de la grammaire, nous allons finalement donner les conjugaisons des verbes *avoir* et *être* avec lesquels se conjuguent les autres verbes, et nous terminerons par la conjugaison du verbe *aimer*, comme modèle des conjugaisons des autres verbes.

Les pronoms qui précèdent le plus souvent les personnes des divers temps des verbes sont :

I, je, quelquefois *ije* (ce dernier, du latin *ego*), pour le *je* français.

Te, pour *tu* ; *t'*, devant une voyelle.

A, *é*, devant une consonne ; *al*, *el*, devant une voyelle, pour *il* ; *ille* (du latin *illa*) pour *elle*.

I et *je*, pour nous.

Veu et *vo*, pour *vous*, devant une consonne ; *veuz*, *voz*, devant une voyelle.

A, *é*, pour *ils*, devant une consonne ; *al*, *el*, devant une voyelle ; *ille* pour *elles* ; par où l'on voit que les premières personnes du singulier et du pluriel, d'une part, et que les troisièmes personnes du singulier et du pluriel, d'autre part, sont précédées du même article.

Verbe *èvoi*, avoir.

I é, j'ai ; *t'é*, tu as ; *al* ou *el é*, il a ; *ill'é*, elle a ; *i évon* ou *j'évon*, nous avons ; *voz é*, vous avez ; *al* ou *el an*, ils ont.

I évo ou *j'évo*, j'avais ; *i évèn* ou *j'évèn*, nous avions. La finale de la première personne du singulier reste la même pour la seconde et la troisième du singulier ; celle de la première personne du pluriel reste également la même pour la seconde et la troisième du pluriel ; il en est ainsi dans tous les temps, sauf les irrégularités.

I évo ou *j'évo évu*, j'avais eu ; *i évèn* ou *j'évèn évu*, nous avions eu.

I évi ou *j'évi*, j'eus ; *i évime* ou *j'évime*, nous eûmes ; *voz évite*, vous eûtes ; *el évirent*, ils eurent. Ce temps est peu usité de nos jours où on le remplace par celui qui suit.

I é ou *j'é évu* ; *i on*, *i an* ou *j'on*, *j'an évu*, j'ai eu, nous avons eu. Remarquons, en passant, comment dans la prononciation française, le *e* de *eu*, *eûmes*, *eurent* disparaît comme s'il était inutile.

I éré ou *j'éré*, j'aurai ; *i éran* ou *j'éran*, *j'éron*, nous aurons.

I éré ou *j'éré évu*, j'aurai eu ; *i éran* ou *j'éran*, *j'éron évu*, nous aurons eu (peu usité).

I érô ou *j'érô*, j'aurais ; *i évèn* ou *j'évèn*, nous aurions.

I érô ou *j'érô évu*, j'aurais eu ; *i évèn* ou *j'évèn évu*, nous aurions eu.

È, aie. Les autres temps de l'impératif ne sont guère usités.

K'j'éve, que j'aie : *k'j'évime*, que nous ayons.

K'j'eusse, que j'eusse ; *k'j'eussen*, que nous eussions.

K'jère évu ou *k'j'eussi évu*, que j'eusse eu ; *k'j'eussèn évu*, que nous eussions eu (peu usité).

Évoi, avoir.

Évoi évu, avoir eu.

Éyan, ayant.

Eyan évu, ayant eu.

Verbe *être* ou *ète*, être.

SES TEMPS LES PLUS USITÉS.

I su ou *j'su*, je suis ; *t'ë*, tu es ; *el â* ou *al â*, il est ; *ill'â*, elle est ; *i sun, i san* ou *j'sun, j'san, j'son*, nous sommes ; *voz ète*, vous êtes ; *é sun* ou *é san*, ils sont.

I étó ou *j'étó*, j'étais ; *t'étó*, tu étais ; *el étó*, il était ; *ill'étó*, elle était ; *i étèn* ou *j'étèn*, nous étions, etc.

I évo ou *j'évo été*, j'avais été ; *i évèn* ou *j'évèn été*, nous avions été.

I feu ou *j'feu*, je fus ; *i feume* ou *j'feume*, nous fûmes ; *vo feûte*, vous fûtes ; *é feurent*, ils furent.

I é ou *j'é été*, j'ai été ; *i on, i an* ou *j'on, j'an été*, nous avons été.

I s'ré, ou *j's'ré*, je serai ; *i s'ran, i s'ron* ou *j's'ran, j's'ron*, nous serons.

I éré ou *j'éré été*, j'aurai été ; *i éran, j'éran* ou *i éron, j'éron été*, nous aurons été.

I s'ró ou *j's'ró*, je serais ; *i s'rèn* ou *j's'rèn*, nous serions.

I éró ou *j'éro été*, j'aurais été : *i érèn* ou *j'érèn été*, nous aurions été.

Seu, sois ; *soiyan*, soyons ; les autres personnes de l'impératif sont empruntées au subjonctif présent.

Ki seû ou *k'je seû*, que je sois ; *k'i sèn* ou *k'je sèn*, que nous soyons.

K'i eusse ou *k'j'eusse été*, que j'eusse été ; *k'i eussèn* ou *k'j'eussèn été*, que nous eussions été.

K'i feusse ou *k'je feûsse été*, que je fusse été ; *k'i feûssèn* ou *k'j'eussèn été*, que nous fussions été.

Être, ou *ète*, être.

Évoi été, avoir été.

Ètàn, étant.

Verbe *ènmé*, aimer.

SES TEMPS LES PLUS USITÉS.

I ènme ou *j'ènme*, j'aime ; *t'ènme*, tu aimes ; *el ènme*, il aime ;
ill'ènme, elle aime ; *i ènman, j'ènman, j'ènmon*, nous aimons ;
vos ènmë, vous aimez ; *el ènman, el ènmon*, ils aiment.

I é ou *j'é ènmé*, j'ai aimé ; *i an, i on* ou *j'an, j'on ènmé*, nous
avons aimé.

I ènmô ou *j'ènmô*, j'aimais ; *i ènmèn* ou *j'ènmèn*, nous aimions.

I évo ou *j'évo ènmé*, j'avais aimé ; *i évèn* ou *j'évèn ènmé*,
nous avions aimé.

I ènmi ou *j'ènmi*, j'aimai ; *i ènmime, j'ènmime*, nous
aimâmes ; *vos ènmite*, vous aimâtes ; *el ènmire*, ils aimèrent. Le
i final des parfaits du patois rend le *i* final des parfaits du latin ;
exemples : *amari*, j'aimai ; *vidi*, je vis.

I ènm'ré ou *j'ènm'ré*, j'aimerai ; *i ènm'ran, i ènm'ron, j'ènm'ron*, nous aimerons.

I ènm'rô ou *j'ènm'rô*, j'aimerais ; *i ènm'rèn* ou *j'ènm'ren*,
nous aimerions.

I érô ou *j'érô ènmé*, j'aurais aimé ; *i érèn* ou *j'érèn ènmé*,
nous aurions aimé.

Ènme, aime ; *ènman* ou *ènmon*, aimons ; *ènmë*, aimez ; *k'el
ènme*, qu'ils aiment.

Ke j'ènme, que j'aime ; *ke j'ènmen*, que nous aimions.

Ke j'ènmeûsse, que j'aimasse ; *ke j'ènmeûssèn*, que nous
aimassions.

Ke j'eûsse ènmé, que j'eusse aimé ; *ke j'eûssèn ènmé*, que nous
eussions aimé.

Ènmé, aimer.
Évoi ènmé, avoir aimé.
Ènman, aimant.
A'yan ènmé, ayant aimé.

Dans certains villages du canton de Nuits, *ènmé* se dit *eumé* ;
i l'eume bèn, je l'aime bien ; *i l'eum'ro*, je l'aimerais, etc.

Nous n'avons pas donné les noms des temps des verbes que
nous venons de conjuguer, parce que les noms des temps des

verbes nous semblent d'invention moderne, ou, tout au moins, moins vieux que le patois. Du reste, la connaissance des noms des temps des verbes n'est d'aucune utilité pour parler selon ces temps.

En quelles langues les vieux vignerons priaient.

Les anciens vignerons ne croyaient sans doute pas leur patois assez pur, assez noble pour exprimer à la divinité leurs vœux et leurs louanges. Ils priaient le matin en latin et le soir en français. Cependant, une prière en patois eût été non moins bien accueillie, dans le ciel, qu'une prière en latin ou en français, puisque Dieu comprend toutes les langues, tous les idiômes, tous les patois et qu'il n'en désapprouve aucun. Les poëtes n'ont pas partagé cette croyance, ni cette crainte de nos ancêtres, puisqu'ils nous ont laissé de nombreuses complaintes, écrites en divers patois et fort pieuses.

Cependant cette préférence que nos ancêtres donnaient aux langues latine et française pour la prière n'était pas dénuée de motifs. L'inconstance de l'homme dans son langage lui fait souvent donner, après un temps, des sens grossiers à des mots qui, tout d'abord, étaient tenus pour honnêtes. Dès lors, un mot primitivement bon pour la prière, aurait fini par ne l'être plus, et cet inconvénient ne pouvait avoir lieu dans l'emploi de la langue latine immobilisée. D'ailleurs, la langue latine était, au temps de nos pères, comme elle est de nos jours, la langue de l'Église, et nul d'entre eux ne croyait mieux faire que de prier dans la langue de l'Église. Nous venons de louer indirectement l'Église de ce qu'elle conserve une langue morte dans la célébration des offices divins et l'administration des sacrements.

ADDITION A L'HISTOIRE DE NUITS.

Année 1899. — Une famille chrétienne fait don d'une cloche convenable à l'église Notre-Dame.

TABLE

DIJON, IMP. JOBARD.

BIBLIOTHEQUE NATIONALE DE FRANCE

3 7502 04464710 7

www.ingramcontent.com/pod-product-compliance
Lightning Source LLC
Chambersburg PA
CBHW060615100426
42744CB00008B/1408